SÉRIE FORMAÇÃO PROFISSIONAL EM SERVIÇO SOCIAL

DIALÓGICA

O selo DIALÓGICA da Editora InterSaberes faz referência às publicações que privilegiam uma linguagem na qual o autor dialoga com o leitor por meio de recursos textuais e visuais, o que torna o conteúdo muito mais dinâmico. São livros que criam um ambiente de interação com o leitor – seu universo cultural, social e de elaboração de conhecimentos –, possibilitando um real processo de interlocução para que a comunicação se efetive.

Trabalho e sociabilidade

Marcio Bernardes de Carvalho
Carla Andréia Alves da Silva Marcelino

EDITORA intersaberes

Conselho editorial
Dr. Ivo José Both (presidente)
Drª Elena Godoy
Dr. Neri dos Santos
Dr. Ulf Gregor Baranow

Editora-chefe
Lindsay Azambuja

Supervisora editorial
Ariadne Nunes Wenger

Analista editorial
Ariel Martins

Preparação de originais
Didaktiké Projetos Educacionais

Edição de texto
Floresval Nunes Moreira Junior
Tiago Krelling Marinaska

Projeto gráfico
Laís Galvão

Capa
Laís Galvão (*design*)
Tanes Ngamsom/Shutterstock
(imagem)

Diagramação
Querido Design

Equipe de *design*
Laís Galvão
Sílvio Gabriel Spannenberg

Iconografia
Celia Kikue Suzuki
Regina Claudia Cruz Prestes

Dados Internacionais de Catalogação na Publicação (CIP)
(Câmara Brasileira do Livro, SP, Brasil)

Carvalho, Marcio Bernardes de
   Trabalho e sociabilidade/Marcio Bernardes de Carvalho, Carla Andréia Alves da Silva Marcelino. Curitiba: InterSaberes, 2019.
(Série Formação Profissional em Serviço Social)

Inclui bibliografia.
ISBN 978-85-227-0012-7

1. Arendt, Hannah, 1906-1975 2. Assistência social 3. Assistentes sociais – Prática profissional 4. Capitalismo 5. Economia 6. Marx, Karl, 1818-1883 7. Políticas sociais 8. Trabalho e trabalhadores 9. Serviço social I. Marcelino, Carla Andréia Alves da Silva. II. Título. III. Série.

19-24455   CDD-361.3023

Índices para catálogo sistemático:
1. Serviço social como profissão   361.3023

Cibele Maria Dias – Bibliotecária – CRB-8/9427

1ª edição, 2019.
Foi feito o depósito legal.

Informamos que é de inteira responsabilidade dos autores a emissão de conceitos.

Nenhuma parte desta publicação poderá ser reproduzida por qualquer meio ou forma sem a prévia autorização da Editora InterSaberes.

A violação dos direitos autorais é crime estabelecido na Lei n. 9.610/1998 e punido pelo art. 184 do Código Penal.

Rua Clara Vendramin, 58 ▪ Mossunguê ▪ CEP 81200-170 ▪ Curitiba ▪ PR ▪ Brasil
Fone: (41) 2106-4137 ▪ www.intersaberes.com ▪ editora@editoraintersaberes.com.br

Sumário

Sumário | 5
Apresentação | 13
Como aproveitar ao máximo este livro | 20

1. Trabalho | 25
1.1 O que é trabalho? Como conceituar trabalho no atual momento? | 27
1.2 O desenvolvimento do trabalho e da humanidade na história | 27
1.3 Conceito de trabalho em Karl Marx | 32
1.4 O conceito de trabalho segundo Hannah Arendt | 36
1.5 Alienação | 38
1.6 Trabalho alienado | 41
1.7 Emancipação humana | 48

2. Ontologia do ser social: questões e reflexões | 55
2.1 Ontologia materialista | 57
2.2 Ser social | 62
2.3 Prévia-ideação, objetivação e exteriorização | 64
2.4 Causalidade | 68
2.5 *Intentio recta* | 68
2.6 *Intentio obliqua* | 70
2.7 Reprodução social | 71
2.8 Ideologia | 75

3. Trabalho na sociedade capitalista | 87
3.1 Sociedade de produção de mercadorias e suas técnicas | 89
3.2 Primeiros aspectos de uma gerência científica | 90
3.3 Consequências e efeitosda gerência científica | 94
3.4 Fordismo | 96

3.5 Acumulação flexível | 99
3.6 Toyotismo | 104
3.7 Volvismo | 106
3.8 Reflexões sobre a crise da sociedade do trabalho | 107

4. O Serviço Social e o mundo do trabalho | 119
4.1 O que é o serviço social? | 121
4.2 Serviço Social e trabalho assalariado | 124
4.3 Prática profissional ou trabalho? | 125
4.4 A questão da matéria-prima do serviço social | 127
4.5 Utilidade social do assistente social
     e o projeto ético-político | 129
4.6 Vícios do trabalho do assistente social: teoricismo,
     militantismo e tecnicismo | 132

5. As metamorfoses no mundo do trabalho e seus impactos no Serviço Social | 141
5.1 A construção do trabalho do assistente social
     no Brasil | 144
5.2 As mudanças no papel do assistente social
     no Estado neoliberal | 147
5.3 Os processos de terceirização e precarização
     do trabalho do assistente social | 150
5.4 O trabalho do assistente social no processo
     de "refilantropização" das políticas sociais | 155

6. Reflexões sobre o trabalho imaterial e sobre a autonomia do assistente social | 167
6.1 A autonomia nos espaços sócio-ocupacionais
     do assistente social | 170
6.2 A questão do trabalho imaterial do assistente social | 177

Estudo de caso | 189

Para concluir... | 191

Referências | 195

Respostas | 201

Sobre os autores | 217

Só quando o trabalho for efetiva e completamente dominado pela humanidade e, portanto, só quando ele tiver em si a possibilidade de ser "não apenas meio de vida", mas o "primeiro carecimento da vida", só quando a humanidade tiver superado qualquer caráter coercitivo em sua própria autoprodução, só então terá sido aberto o caminho social da atividade humana como fim autônomo.

(Lukács, 1978, p. 16)

Dedico este livro

Aos que lutaram no passado e aos que
lutam no presente para defender
a classe trabalhadora.

A minha família, em especial minha mãe,
Nara Bachine, e meu pai, Milos Lisboa de
Carvalho (*in memoriam*).

Aos meus camaradas de sonhos
e lutas e todos aqueles que acreditam
que um outro mundo é possível.

Marcio Bernardes de Carvalho

Dedico este livro

Ao meu filho, Guilherme, e ao
meu esposo, William, pelo tempo a
eles negado para a produção desta obra.

Carla Andréia Alves da Silva Marcelino

Primeiramente, agradecemos à
Editora InterSaberes pela oportunidade de
compartilharmos esta obra com todos os
leitores interessados no tema.

Agradecemos também ao Prof. Msc. Dorival
da Costa, pelo convite e por ter confiado a nós
tamanho desafio: debater o Serviço Social e a
categoria trabalho.

Aos nossos familiares, pelo apoio e
compreensão nos períodos de produção.

Aos nossos amigos, pela inspiração,
pelo apoio e pelo incentivo.

Apresentação

O objetivo deste livro é, primeiramente, apresentar a concepção e o processo evolutivo do trabalho e suas relações na sociedade contemporânea, historicizando o conceito e conectando-o ao desenvolvimento histórico da humanidade. A ontologia do ser social também estará presente, com vistas a dar um "fio lógico" à apresentação do desenvolvimento do ser humano ao longo dos tempos e destacar a importância do trabalho nesse processo e seu papel no seio da sociedade capitalista.

Em um segundo momento, nosso objetivo é debater e refletir sobre o serviço social e o mundo do trabalho, apresentando conceitos-chave e ponderando sobre o trabalho do assistente social, especificamente sobre sua inserção no mundo do trabalho. Na sequência, abordaremos as metamorfoses no mundo do trabalho e demonstraremos como essas mudanças influenciam o cotidiano profissional do serviço social. Ao final da obra, propomos uma discussão sobre a natureza imaterial do trabalho de algumas profissões, entre elas o Serviço Social, e um debate sobre autonomia dos profissionais no contexto atual do mundo do trabalho.

Vivemos em uma época de diversas transformações concernentes ao trabalho. No Brasil, o momento é de mudanças, com perdas de alguns direitos em vários segmentos, em especial dos trabalhadores. Nessa atual conjuntura, a intenção foi produzir uma obra que contribuísse para essas e outras discussões, em especial na área do Serviço Social.

No Capítulo 1, iniciamos com a definição do conceito de *trabalho*, em especial sua função na compreensão do desenvolvimento humano ao longo dos séculos. A relação do homem com o trabalho altera a natureza externa (isto é, o meio ambiente) e a própria natureza humana. A compreensão desse processo nos dá subsídios para o entendimento do valor do trabalho no desenvolvimento humano. Em seguida, apresentamos a visão do filósofo alemão Karl Marx sobre o trabalho e os desdobramentos do seu pensamento na sociedade capitalista. A alienação (o processo de alheamento ou estranhamento) e o trabalho alienado também são abordados nesse capítulo, visando à compreensão dos processos de trabalho no capitalismo e à conscientização de como é importante a superação dessa dinâmica para a realização e potencialização dos seres humanos. Assim, apresentamos o conceito de *emancipação humana*, com o objetivo de demonstrar as contradições das relações de trabalho dentro do capitalismo e as possibilidades fora deste sistema. Finalizando o primeiro capítulo, apresentamos a compreensão de Hannah Arendt sobre o trabalho, bem como abordamos o conceito da filósofa de *vida ativa*, primando pela pluralidade intelectual e de visão de mundo que todo profissional precisa ter ao escolher suas "lentes" (teoria social) para avaliar o real.

No Capítulo 2, apresentamos o conceito de *ontologia materialista*, recordando a centralidade do trabalho no desenvolvimento dos seres humanos – questão vital que coloca o ser humano como sujeito da história e, consequentemente, nos permite entender o processo de socialização e a importância das relações sociais.

Avançamos para a compreensão de *ser social* e de *vida coletiva* e finalizamos o capítulo apresentando o conceito de *ideologia* e sua aplicação na realidade e nos conflitos entre classes com interesses antagônicos.

No Capítulo 3, destacamos algumas teorias que visam desvendar o processo de trabalho dentro do capitalismo, em especial sua historicidade e função social. Os métodos de produção apresentados, sobretudo a gerência científica, nos levam a compreender a evolução dos processos de trabalho industrial no planeta, suas relações com o desenvolvimento dos países e a exploração dos trabalhadores. Fordismo, acumulação flexível, toyotismo e volvismo são modos de produção que se desenvolveram em contextos próprios e com base em necessidades reais do sistema. Partindo dessas questões gerais, temos a intenção de aprofundar o debate específico da profissão conforme veremos nos capítulos seguintes.

No Capítulo 4, discutimos sobre o que é o serviço social. Optamos por fazê-lo pela perspectiva de que se trata de uma profissão inscrita na divisão social do trabalho, responsável por administrar os serviços sociais, favorecendo a compreensão da profissão no mundo do trabalho, reconhecendo o assistente social como trabalhador assalariado e discutindo as implicações dessas questões no cotidiano da profissão. Também apresentamos algumas ponderações pautadas na teoria marxista sobre o que é o trabalho e sobre o fato de ser ele que faz do ser humano um ser social.

Discutimos também que todo trabalho tem uma matéria-prima e que a do assistente social é a questão social, conforme preconiza a professora Marilda Iamamoto (1997). O assistente social atua na oferta de serviços sociais que dão respostas às inúmeras questões sociais, tendo como utilidade social de seu trabalho a formação de consensos entre a classe trabalhadora e o capital.

Também consideramos importante destacar a importância da teoria crítica marxista e de seu método materialista-histórico para analisar e compreender a realidade na qual está inserido o profissional do serviço social e as pessoas que são usuárias dos serviços por ele administrados. Por fim, versamos sobre as três posturas profissionais que precisam ser rompidas para que o serviço social possa progredir como profissão: o **teoricismo**, o **militantismo** e o **tecnicismo**. Entendemos que abandono dessas posturas é fundamental, pois o trabalho do assistente social somente será completo se houver a articulação das dimensões teórico-metodológica, ético-política e técnico-operativa.

Já no Capítulo 5, evidenciamos a forma com que a estrutura política e econômica interfere no trabalho do assistente social ao longo da história, e que os campos de trabalho estão em constante movimento, ora caminhando para frente, ora com retrocessos.

Apesar de a gênese da profissão ter sido no âmbito das instituições privadas de cunho religioso, foi no Estado, dentro dos espaços sócio-ocupacionais das políticas sociais de amparo ao trabalhador, que o assistente social se consolidou. Em alguns momentos, o papel desse profissional esteve mais ligado ao controle da classe trabalhadora, enquanto em outros consistia na manutenção de condições de trabalho e de consumo daqueles que estavam à margem do mundo do trabalho, compondo o que José Paulo Netto (1992) chama de *exército industrial de reserva*.

Até os dias de hoje, mesmo com a ofensiva neoliberal visando à sua redução, o Estado ainda é o maior empregador de assistentes sociais, inserindo esse profissional na execução do tripé da seguridade social – assistência social, previdência social e saúde –, mas também em outras políticas públicas, como as afirmativas de garantia de direitos de mulheres, de pessoas idosas, de pessoas com deficiência, de crianças, de adolescentes e de jovens, além dos espaços nas políticas de meio ambiente e de habitação. Com o advento do Estado mínimo, muitas funções públicas passaram a ser de responsabilidade das entidades do terceiro setor, abrindo, assim, novos espaços para o profissional do serviço social, muitas vezes com relações trabalhistas precárias. As empresas privadas também passaram a desenvolver atividades de "cidadania" e "solidariedade" para o público interno e externo, caracterizando o que Iamamoto (1997) chama de *filantropia empresarial*, requerendo o trabalho do assistente social.

Compreender o contexto no qual a profissão está estruturada é fundamental para evitar que o profissional se frustre, não perca a especificidade da profissão e tampouco ceda postos de trabalho para profissionais de outras áreas, possibilitando, também, a compreensão do seu papel dentro da divisão socio-técnica do trabalho.

No Capítulo 6, trabalhamos dois pontos polêmicos e pouco problematizados sobre o trabalho do assistente social: a relativa autonomia do profissional e a imaterialidade do trabalho na área de Serviço Social.

Apresentamos o conceito de *autonomia* pautados no filósofo alemão Immanuel Kant, bem como o conceito mais moderno de autonomia, ou melhor, de ausência dela, apregoado por Marx e seus contemporâneos, os quais acreditavam que no modo capitalista de produção o homem não pode ser totalmente livre e autônomo, uma vez que suas decisões estão socialmente determinadas pelas necessidades e pelos interesses do capital. Com base nesse pressuposto, concluímos que o assistente social tem uma autonomia de trabalho relativa, pois, apesar de ser um trabalhador assalariado, que não tem permissão para decidir o que fazer, ele goza de autonomia do ponto de vista técnico-operativo, o que lhe possibilita escolher o "como fazer", isto é, os instrumentos e técnicas próprias do serviço social dos quais lançará mão para desenvolver seu trabalho.

Também refletimos sobre a alocação do trabalho do assistente social no rol dos trabalhos considerados imateriais, ou seja, aqueles em que não há um produto palpável como resultado da atividade. Ressaltamos que o reconhecimento da condição de trabalho imaterial-afetivo do assistente social evita que o profissional se frustre diante das pressões que geram expectativas de resultados objetivos e imediatos.

A apresentação de conceitos e dos teóricos da área é de fundamental importância para o conteúdo desta obra, mas, como autores, queremos enfatizar que a questão principal é ajudar a refletir, criticar e melhorar o trabalho dos profissionais na área do serviço social.

Este livro é um esforço de síntese, de organização lógica do pensamento teórico da área do serviço social e de forma alguma é definitivo. Como autores, sabemos a importância da leitura dos grandes clássicos para criar a base teórica de que todos os trabalhadores necessitam para ler o mundo do trabalho e as suas interfaces.

Desejamos, finalmente, que a leitura desta obra possa contribuir com suas reflexões e que estas ajudem no seu trabalho.

Boa leitura!

Como aproveitar ao máximo este livro

Este livro traz alguns recursos que visam enriquecer o seu aprendizado, facilitar a compreensão dos conteúdos e tornar a leitura mais dinâmica. São ferramentas projetadas de acordo com a natureza dos temas que vamos examinar. Veja a seguir como esses recursos se encontram distribuídos no decorrer desta obra.

Conteúdos do capítulo

Logo na abertura do capítulo, você fica conhecendo os conteúdos que nele serão abordados.

Após o estudo deste capítulo, você será capaz de:

Você também é informado a respeito das competências que irá desenvolver e dos conhecimentos que irá adquirir com o estudo do capítulo.

Fique atento!

Nessa seção, as autoras disponibilizam informações complementares referentes aos temas tratados nos capítulos.

---

universal" (Kant, 2005, citado por, Silva, 2004). Em outras palavras o limite ético para uma ação é que ela possa ser generalizada a todos sem causar danos nenhum à sociedade e aos outros homens. Por exemplo, se decido roubar e essa minha conduta se transforma em norma geral, todos passariam a roubar e provavelmente ninguém conseguiria manter a posse sobre os bens roubados, pois, sucessivamente, roubaríamos uns dos outros.

Assim, Kant (2005, citado por Silva, 2004) define a autonomia, de forma bastante radical, como a capacidade humana de fazer suas próprias leis: "Aquela sua propriedade graças a qual ela é para si mesma a sua lei [...] é o fundamento da dignidade da natureza humana e de toda a natureza racional".

No entanto, para o exercício dessa autonomia, é imprescindível que o ser humano seja livre, pois Kant afirma que a liberdade é a condição primeira para o exercício da vontade humana.

Para refletir

Como falar em liberdade, em autonomia, em nossa realidade atual vivendo no modo capitalista de produção, no qual a sociedade e a ação humana, ainda que não sejam mais determinadas pelas verdades reveladas pela fé, são, no entanto, determinadas pela economia?

Essa pergunta é fundamental, pois o assistente social também atua em um ambiente determinado pelas regras do capital, tanto como sujeito (no âmbito pessoal) quanto como profissional.

Na teoria social de Marx, a discussão sobre a autonomia também está colocada. Porém, considerando que esse filósofo dedicou-se a estudar de forma crítica o modo capitalista de produção, sua abordagem sobre o tema não perpassa o princípio filosófico da determinação da "pessoa humana", mas, sim, pelas determinações que sofre o ser social.

Como vimos no segundo capítulo, Marx diferencia o homem dos demais animais ou do "homem orgânico" pela sua capacidade de transformar a natureza de forma intencional, por meio

---

Para refletir

A quantidade de municípios brasileiros, mais de 5 mil, é muito superior à capacidade do Estado de construir unidades em cada um deles em curto espaço de tempo. Soma-se a isso o atraso do desenvolvimento brasileiro e diversos outros problemas sociais, como altas taxas de desemprego, mortalidade infantil, corrupção etc. Esses fatores acabam por criar um contexto em que grande parte dos jovens que termina o ensino fundamental não irá cursar o ensino médio.

Como temos interesses diversos entre classes, por vezes antagônicos, é possível compreender que nem todo direito aprovado por lei é de fato posto em prática, mas somente "proclamado". Por mais que a lei possa determinar um direito ou uma obrigação dentro da sociedade, a consecução desse direito depende das condições de realidade.

O exemplo da educação mostra que, mesmo com a obrigatoriedade descrita na lei, a realidade não permite que ela seja, no atual momento, plenamente executada. Então, podemos verificar que, no âmbito legal, nem sempre o que é proclamado é realizado.

Dito isso, voltemos à discussão sobre trabalho alienado. No capitalismo, a alienação se potencializa ao extremo, pois os trabalhadores não participam da direção do trabalho. E conforme os sistemas de trabalho coletivo se alteram e se tornam cada vez mais complexos, mais distantes os trabalhadores ficam do domínio da totalidade do seu trabalho, executando somente um fragmento dessa totalidade.

Para saber mais

O filme Tempos Modernos (1936), de Charles Chaplin, faz uma crítica contundente ao modo de produção capitalista da época e é uma importante referência na filmografia sobre o tema.

Para refletir

Nesta seção você dispõe de algumas reflexões dirigidas com base na leitura de excertos de obras dos principais autores comentados neste livro.

Para saber mais

Você pode consultar o materiais indicado nesta seção para aprofundar sua aprendizagem.

Síntese

Você dispõe, ao final do capítulo, de uma síntese que traz os principais conceitos nele abordados.

---

sua matéria e do ser humano em seu ambiente. Um processo que estimula o potencial humano, desafiando-nos a compreender melhor a realidade, a pesquisar, a desenvolver novas técnicas em um sistema de solidariedade e de não exploração de um ser humano por outro.

Como citamos anteriormente, estamos focando a realidade com as lentes do materialismo histórico, não como conceito ou tese momentânea, mas como teoria social, desenvolvida ao longo de anos por centenas de intelectuais comprometidos com o futuro da humanidade.

Contudo, é também muito importante que aqueles que estudam os conceitos de trabalho e trabalho alienado possam entrar em contato com outras ideias filosóficas, econômicas e políticas.

Síntese

Iniciamos este capítulo com a definição do *conceito de trabalho*, em especial sua função na compreensão do desenvolvimento humano ao longo dos séculos. A relação do indivíduo com o trabalho altera a natureza externa (meio ambiente) e também a natureza do próprio ser humano. Compreender esse processo de transformação da natureza e de si mesmo (o indivíduo transformando a natureza e se transformando ao mesmo tempo) nos dá subsídios para o entendimento do valor do trabalho no desenvolvimento dos seres humanos.

Na sequência, apresentamos a visão do alemão Karl Marx sobre o trabalho e os desdobramentos dessa perspectiva dentro da sociedade capitalista. Diferenciamos *instinto de consciência* e compreendemos a necessidade do pensamento e do planejamento para a avaliação do real, e como esse processo auxilia no desenvolvimento de ferramentas, técnicas e produtos que alteram a realidade e as relações dos seres humanos em sociedade, com a natureza e consigo mesmos.

A alienação e o trabalho alienado foram abordados visando à compreensão dos processos de trabalho dentro do capitalismo e como é importante superá-los para que o ser humano realize

---

Questões para revisão

Com estas atividades, você tem a possibilidade de rever os principais conceitos analisados. Ao final do livro, o autor disponibiliza as respostas às questões, a fim de que você possa verificar como está sua aprendizagem.

---

plenamente suas potencialidades. Assim, apresentamos o conceito de *emancipação humana*, visando demonstrar as contradições das relações de trabalho dentro do capitalismo e as possibilidades fora dessas relações.

Finalizando o capítulo apresentamos a noção de trabalho para Hannah Arendt e o conceito de *vida activa* elaborado por essa filósofa, primando pela pluralidade intelectual e de visão de mundo que todo profissional precisa assimilar para escolher suas "lentes" (teoria social) para avaliar o real.

Questões para revisão

1. Qual a importância do desenvolvimento das mãos em um primeiro momento da evolução humana segundo Engels?

   a) Mesmo reconhecendo a importância do desenvolvimento das mãos na evolução humana, Engels considera como essencial, em um primeiro momento, o desenvolvimento da visão.

   b) As mãos são importantes durante o período de industrialização, segundo Engels, pois os operários precisam delas para manusear as máquinas.

   c) As mãos são essenciais no período feudal para a domesticação de animais segundo Engels.

   d) Engels afirma que milhares de anos de evolução física das mãos por meio do trabalho são essenciais para o desenvolvimento dos seres humanos.

   e) Mesmo reconhecendo a importância do desenvolvimento das mãos na evolução humana, Engels considera essencial, em um primeiro momento, o desenvolvimento do conjunto de todos os sentidos humanos.

2. De acordo com Karl Marx, o trabalho:

   a) é a ocupação profissional moderna que está articulada ao desenvolvimento do comércio entre diferentes países. O trabalho ganhou novo *status* com a criação das universidades.

   b) é a experiência viva dos seres humanos com os animais, excluindo-se desse processo a vegetação. Os animais e os

Trabalho e sociabilidade

c) *Reprodução social* é o processo ininterrupto de renovação da produção material e cultural dos indivíduos. As necessidades sociais de produção e reprodução econômica são dirigidas pela classe dominante.

d) *Reprodução social* é o método de estudo da produção material e cultural dos indivíduos em sociedade e ligados por interesses familiares e econômicos. As necessidades sociais de produção e reprodução econômica são dirigidas pela classe dominante.

e) *Reprodução social* é a formulação filosófica que visa compreender a renovação da produção material e cultural dos indivíduos. As necessidades sociais de produção e reprodução econômica são dirigidas pela classe dominante.

Questões para reflexão

1. Pensando no conceito de reprodução social e na atuação dos assistentes sociais, é possível entender que nosso processo brasileiro de desenvolvimento social no âmbito capitalista foi inclusivo ou excludente? Justifique sua resposta.

2. Como vimos neste capítulo, a ontologia materialista é a análise do "ser como ser" através da materialidade do indivíduo. Qual é a importância do estudo da ontologia para o serviço social? Justifique utilizando o conceito apresentado neste capítulo.

Questões para reflexão

Nesta seção, a proposta é levá-lo a refletir criticamente sobre alguns assuntos e trocar ideias e experiências com seus pares.

Estudo de caso

Estudo de caso

Esta seção traz ao seu conhecimento situações que vão aproximar os conteúdos estudados de sua prática profissional.

Um estado brasileiro criou uma lei que determina gratuidade do transporte intermunicipal para pessoas com deficiência ou com doença crônica que necessitem de deslocamento de suas cidades para realização de tratamentos contínuos ou acompanhamentos em saúde. Entretanto, na lei estadual consta a exigência de comprovação da situação de pobreza a ser atestada por profissional do serviço social.

Quando iniciada a execução do programa, estabeleceu-se um fluxo no qual a pessoa interessada ou seu tutor/curador deveria encaminhar à administração central uma série de documentos comprobatórios da situação de saúde e social, entre os quais o atestado de pobreza. No caderno de orientações do programa e no sítio eletrônico do órgão gestor da política, havia a orientação de que deveria ser procurado o Centro de Referência da Assistência Social (Cras) do município de residência do interessado para obtenção do referido atestado.

Grande parte dos assistentes sociais dos Cras, cientes de suas atribuições e das orientações do conjunto Conselho Regional de Serviço Social/Conselho

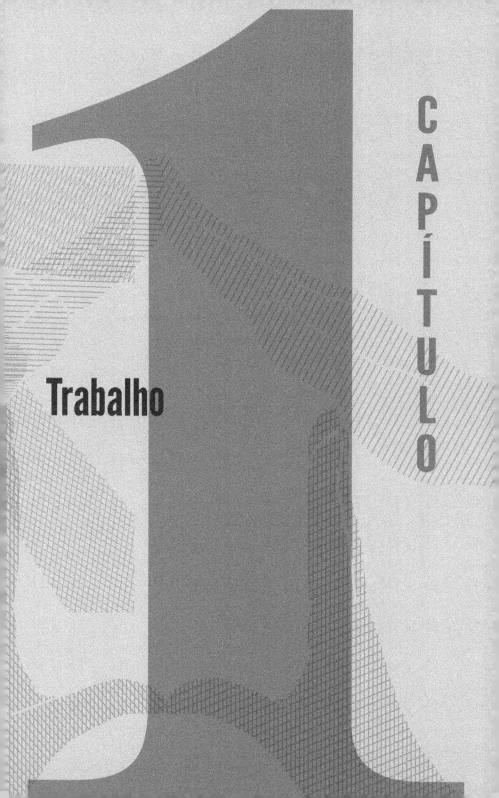

CAPÍTULO 1

Trabalho

Conteúdos do capítulo:

- Trabalho.
- Contexto de trabalho no desenvolvimento da humanidade.
- Alienação.
- Trabalho alienado.
- Consumo alienado.

Após o estudo deste capítulo, você será capaz de:

1. compreender o conceito de trabalho;
2. reconhecer o papel do trabalho no desenvolvimento da humanidade;
3. estabelecer relação entre o modo de produção capitalista e o trabalho alienado.

1.1 O que é trabalho? Como conceituar *trabalho* no atual momento?

Não devemos limitar o entendimento do conceito de *trabalho* a um mero vínculo empregatício ou a uma ocupação. Essa é uma visão limitada do alcance do trabalho no desenvolvimento humano desde o início dos tempos.

É comum ouvirmos críticas à perspectiva que considera o trabalho um conceito fundador da sociedade e elemento constitutivo do ser humano. Essas questões merecem um amplo debate, porém, neste momento, tentaremos sistematizar em algumas páginas elementos centrais para o entendimento de tal conceito.

Para avançarmos na definição desse importante conceito, precisamos apresentar um rápido panorama histórico da humanidade e seu desenvolvimento.

1.2 O desenvolvimento do trabalho e da humanidade na história

Um dos mais importantes intelectuais da história, o alemão Friedrich Engels escreveu um excelente livro em 1876, cuja primeira versão foi publicada em 1896, chamado *O papel do trabalho na transformação do macaco em homem*. Nesse livro, o estudioso descreve a importância do trabalho no desenvolvimento humano desde os primórdios da humanidade. O livro defende a tese de que o desenvolvimento humano ocorreu por meio do trabalho.

Trabalho

Aqui cabe uma importante observação. Faremos a leitura do conceito de trabalho a partir do materialismo histórico[1], que será nossa "lente" para "ler" a realidade.

O livro de Engels, que se baseia na teoria dos macacos antropomorfos de Charles Darwin, estabelece que a evolução dos macacos foi um processo de adaptação à necessidade de sobrevivência da época. A acomodação a essas condições e o desenvolvimento de atividades cada vez mais elaboradas possibilitaram mudanças biológicas nesses seres, sendo estas um produto de milhares de anos de evolução.

Engels (1990) preocupa-se em entender o avanço do desenvolvimento dos seres humanos na história partindo de uma visão científica, o darwinismo, e das contradições vinculadas ao processo de evolução humana. Segundo o pensador alemão, o desenvolvimento das mãos, por exemplo, é algo absolutamente essencial para os macacos:

> As mãos são usadas basicamente para apanhar e segurar os alimentos, à semelhança do que fazem alguns mamíferos inferiores com suas patas dianteiras. Certa variedade de macacos constrói seus ninhos nas árvores com as mãos; outros tipos, como o chipanzé, vão mais longe e constroem verdadeiros telhados sobre os galhos para se protegerem do mau tempo. É com a mão que eles empunham um pedaço de pau para se defenderem dos inimigos e lançam frutas e pedras. Quando aprisionados, conseguem realizar com as mãos muita coisa que aprendem dos homens. Mas é justamente aqui que podemos perceber a enorme diferença entre a mão primitiva do macaco, inclusive antropoide mais evoluído, e a mão do homem, desenvolvida através de milhares de anos de trabalho. Quanto ao número e à disposição dos ossos e músculos não há diferença entre a mão do

---

1 Materialismo histórico: expressão que designa o corpo central de doutrina da concepção materialista da história, núcleo científico e social da teoria marxista. De acordo com a *Introdução* que Engels escreveu em 1892 para *Do socialismo utópico ao socialismo científico*, o materialismo histórico "designa uma visão do desenrolar da história que procura a causa final e grande força motriz de todos os acontecimentos históricos importantes no desenvolvimento econômico da sociedade, nas transformações dos modos de produção e de troca, na consequente divisão da sociedade em classes distintas e na luta entre essas classes" (Bottomore, 2012, p. 411).

Trabalho e sociabilidade

homem e do macaco; mas se tomarmos o mais primitivo dos selvagens, ele executará com suas mãos centenas de operações que nenhum dos macacos consegue realizar. Nenhum macaco conseguiu, por exemplo, construir um machado de pedra por mais rudimentar que fosse. (Engels, 1990, p. 20-21)

Esse processo de transformações físicas que – em função das necessidades objetivas de sobrevivência – aos poucos foi alterando o corpo do ser humano modificou a estrutura da mão, permitindo ao polegar opositor uma pegada de força e precisão para manuseio de ferramentas. O ser humano tem um músculo flexor longo no polegar que outros animais não têm. Esse músculo nos permite utilizar a força necessária para manusear objetos e nos dá a precisão exigida para cortes ou lançamentos a longa distância, como nossos antepassados de milhares de anos atrás faziam com pedras para defesa ou caça.

É necessário entender que foram inúmeros os processos evolutivos ao longo de milhares de anos de desenvolvimento. A transformação da laringe dos primatas para a do ser humano, por exemplo, possibilitou a evolução da comunicação entre aqueles que viviam em grandes grupos e precisavam trocar e compartilhar informações para sua sobrevivência diária, ou seja, uma obrigação que a realidade impunha aos seres humanos. Mesmo que alguns animais tenham alguma forma de comunicação, ela não ocorre pela palavra articulada, que é muito mais complexa e elaborada.

Aqui cabe fazermos uma ressalva sobre os processos de organização em comunidades humanas. Ao longo de séculos, esses agrupamentos desenvolveram modos de comunicação que, com o passar do tempo, foram ficando cada vez mais complexos, e essa evolução da palavra articulada entre os seres humanos deu vantagens organizacionais e de sobrevivência, em especial no que concerne à caça e à defesa contra predadores.

Segundo Engels, portanto, trabalho e palavra articulada são elementos centrais para o desenvolvimento do macaco para homem:

O trabalho, primeiro, depois a palavra articulada, constituíram-se nos dois principais fatores que atuaram na transformação gradual

Trabalho

> do cérebro do macaco em cérebro humano que, não obstante sua semelhança, é consideravelmente superior a ele quanto ao tamanho e à perfeição. Ao desenvolvimento do cérebro correspondeu o desenvolvimento de seus instrumentos imediatos: os órgãos sensoriais. Da mesma forma que a evolução paulatina da linguagem foi seguida da respectiva evolução do ouvido, o desenvolvimento geral do cérebro está intimamente relacionado com o aperfeiçoamento de todos os órgãos do sentido. (Engels, 1990, p. 25)

No entanto, para Engels (1990, p. 27), todo o processo de alteração física dos seres humanos e as atividades desenvolvidas por eles ainda não podem ser consideradas trabalho "no sentido exato da palavra". Os animais podem alimentar-se de vegetais ou de outros animais, e isso não pode ser considerado trabalho. Os vegetais utilizam a luz do sol, a água e os minerais da terra para seu desenvolvimento, e isso também não será considerado trabalho.

Ao utilizarmos esses exemplos, devemos pontuar as diferenças entre a ação humana e a animal, que estabelecem uma distância entre o que é atividade e o que se torna trabalho. No processo animal, a ação é puramente instintiva, não é planejada nem idealizada, diferentemente do trabalho humano, este sim planejado e idealizado. O instinto é um impulso ligado à necessidade de sobrevivência individual ou de sua prole e é inconsciente; diferentemente da ação humana, que é consciente.

A produção de ferramentas e outros instrumentos elaborados para defesa, caça e pesca auxiliou ainda mais a evolução humana. O ser humano analisou a realidade e produziu ferramentas que possibilitassem aumentar sua intervenção na natureza. A necessidade real da alimentação em maior quantidade levou à produção de instrumentos que possibilitassem caçar e pescar mais. Conforme a comunidade cresce, aumentam as necessidades ligadas diretamente à alimentação e à segurança, levando ao desenvolvimento de instrumentos mais eficazes de caça, pesca e defesa.

Com a caça e a pesca, o ser humano passou de uma alimentação centrada essencialmente em vegetais para o consumo de carne, que tem substâncias imprescindíveis para o evolução e alteração do metabolismo. A combinação de carne e vegetais permitiu um fortalecimento físico importante para o ser humano se sobressair em relação aos outros animais. O consumo de carne, além disso, demandou maior domínio de técnicas para utilização do fogo e de domesticação de animais.

Conforme o ser humano evolui, sua existência se torna mais complexa. Novas modalidades de trabalho são criadas, como a produção de vestimentas que permitem suportar condições climáticas severas, e a agricultura, que proporciona a subsistência sem a necessidade de peregrinação para outras localidades em busca de comida. A manipulação de metais e o surgimento da olaria também são fatos que marcaram a evolução da vida humana nos primórdios. Com melhores condições de suportar a diversidade climática, foi possível conhecer novas terras, novos ambientes e, naturalmente, entrar em contato com novas espécies vegetais e animais. Ao desenvolverem técnicas de sobrevivência, seja para suportar o clima, seja para enfrentar outros animais, os seres humanos criaram condições para o aumento de sua comunidade.

> No processo animal, a ação é puramente instintiva, não é planejada nem idealizada, diferentemente do trabalho humano, este sim planejado e idealizado. O instinto é um impulso ligado à necessidade de sobrevivência individual ou de sua prole e é inconsciente; diferentemente da ação humana, que é consciente.

O surgimento de agrupamentos cada vez mais organizados e complexos deu origem a cidades. Paralelamente, surgiram a política e a religião, produtos de um cérebro consciente e organizado, que entende a realidade e a planeja, trabalha, domina e aprimora técnicas. Por consequência, o ser humano desenvolveu cada vez mais ferramentas e instrumentos que alteraram a sua ação na natureza e transformaram a realidade e a própria vida.

O trabalho que o ser humano executa é pensado e planejado com base em uma necessidade real – em um primeiro momento por sobrevivência imediata individual e de sua prole; posteriormente, de comunidades inteiras. O pensado (ou idealizado) é um importante elemento para a noção de ação consciente do trabalho humano.

Após compreendermos esse processo, é necessário nos aprofundarmos no conceito de *trabalho* elaborado pelo filósofo alemão Karl Marx.

1.3 Conceito de *trabalho* em Karl Marx

No capítulo V do livro *O capital*, intitulado "O processo de trabalho e o processo de valorização", Marx (2013, p. 255) afirma: "a utilização da força de trabalho é o próprio trabalho". Mais do que uma mera especificação, o autor indica que o conceito é movimento real, ação, processo. O trabalho é uma relação ativa do ser humano com a natureza.

Para Marx (2013, p. 255, grifo do original):

> O trabalho é, antes de tudo, um processo entre o homem e a natureza, processo este em que o homem, por sua própria ação, medeia, regula e controla seu metabolismo com a natureza. Ele se confronta com a matéria natural como com uma potência natural [*Naturmacht*]. A fim de se apropriar da matéria natural de uma forma útil para sua própria vida, ele se põe em movimento as forças naturais pertencentes a sua corporeidade: seus braços e pernas, cabeça e mãos. Agindo sobre a natureza externa e modificando-a por meio desse movimento, ele modifica, ao mesmo tempo, sua própria natureza.

Em uma primeira fase de desenvolvimento dessa relação entre homem e natureza, podemos encontrar o objetivo individual de sobrevivência; em uma segunda fase, empreende-se a busca de matéria para sobrevivência coletiva – e, em função do capitalismo, também de lucro. Assim, temos o pensamento organizado alterando a realidade da natureza e, por consequência, também a própria natureza do ser humano. É de fundamental importância que a lógica de alterar a natureza e, ao mesmo tempo, alterar a própria natureza do indivíduo seja compreendida como processo de evolução humana baseada nas contradições e desafios impostos pela realidade.

O elemento *consciência*[2] aqui é fundamental para a diferenciação entre a ação humana e a ação animal, e podemos utilizar o próprio texto de Marx para exemplificar:

> Uma aranha executa operações semelhantes às do tecelão, e uma abelha envergonha muitos arquitetos com a estrutura de sua colmeia. Porém o que desde o início distingue o pior arquiteto da melhor abelha é o fato de que o primeiro tem a colmeia em sua mente antes de construí-la com a cera. No final do processo de trabalho, chega-se a um resultado que já estava presente na representação do trabalhador no início do processo, portanto, um resultado que já existia idealmente. Isso não significa que ele se limite a uma alteração da forma do elemento natural; ele realiza neste último, ao mesmo tempo, seu objetivo que ele sabe que determina, como lei, o tipo e o modo de sua atividade e ao qual ele tem de subordinar sua vontade. E essa subordinação não é um ato isolado. Além do esforço dos órgãos que trabalham, a atividade laboral exige vontade orientada a um fim, que se manifesta como atenção do trabalhador durante a realização de sua tarefa, e isso tanto mais quanto menos esse trabalho, pelo seu próprio conteúdo e pelo modo de sua execução, atrai o trabalhador, portanto, quanto menos este último usufrui dele como jogo de suas próprias forças físicas e mentais. (Marx, 2013, p. 255-256)

Os animais têm impulsos naturais que denominamos *instinto*: uma abelha pode desenvolver sua colmeia sem grandes problemas, mas o faz individualmente, e mesmo quando em grupo todas fazem o mesmo trabalho. Os seres humanos, por sua vez, podem dividir ou delegar trabalho e assumir uma diversidade de atividades, algo que os animais fazem por incitação biológica, ou seja, os animais não planejam ou idealizam suas atividades. A sobrevivência do animal e de sua prole é o elemento fundante daquilo que entendemos por instinto; na consciência humana a base é

---

2 "Atributo altamente desenvolvido na espécie humana, pelo qual o homem toma, em relação ao mundo e a seus estados interiores, aquela distância em que se cria a possibilidade de níveis mais altos de 'integração' 'conhecimento', 'noção', 'ideia'" (Cunha, 2010, p. 172).

o pensamento, a idealização e o planejamento. Os seres humanos refletem sobre seus atos; planejam, idealizam, executam e avaliam utilizando um conjunto de habilidades que foram sendo desenvolvidas de acordo com sua evolução como espécie.

O processo de desenvolvimento de qualquer técnica nos permite compreender bem essa ideia. No que se refere à alimentação, por exemplo, nossos ancestrais primatas colhiam alimentos e os consumiam; em outros momentos, temendo a competição de animais ou escassez, começaram a enterrar o alimento colhido, visando ao consumo posterior. Quando as sementes brotavam, perceberam que poderiam, dessa maneira, plantar e cultivar os alimentos. Isso começou a ser feito de forma gradual e cada vez mais organizada, inclusive coletivamente. Após a domesticação dos animais e o uso da tração animal, a capacidade de preparo da terra aumentou significativamente, possibilitando o preparo de terrenos que anteriormente não eram aptos ao plantio. Esse exemplo nos mostra que conforme o ser humano domina um conhecimento, ele o aprofunda, gerando outros conhecimentos e necessidades, que serão superados com novos conhecimentos e necessidades, e assim sucessivamente.

O avanço das atividades mentais por meio do trabalho desenvolveu ainda mais as potencialidades humanas durante o processo histórico. O desenvolvimento de habilidades através da repetição das tarefas e de sua análise permitiu que os seres humanos criassem o que podemos chamar de *técnica*, uma elaboração mental organizada desenvolvida para executar uma tarefa com menor esforço e maior produtividade. O domínio da técnica permite ao indivíduo criar novas e melhores formas de produção (outras técnicas), o que poderá exigir o desenvolvimento de novas habilidades para a execução de novas tarefas. Essas novas tarefas já organizadas em pensamento são condicionantes para o desenvolvimento mental e também físico do indivíduo. Portanto, o desenvolvimento de atividades permitiu aos seres humanos o domínio de conhecimentos, a produção de novos conhecimentos e o aprimoramento de suas habilidades físicas na execução dessas tarefas.

Dessa forma, quando define "força de trabalho", Marx o faz como categoria humana. No entanto, esse conceito é fruto de um processo histórico que vai evoluindo e se tornando mais elaborado ao longo do tempo. Nesse sentido, à medida que a sociedade se organiza (desenvolvimento de novas tecnologias, novas formas de organização, maior grau de exigência de estudos sobre diversos temas etc.), as relações entre os seres também se tornam cada vez mais complexas. Por exemplo: no período feudal, as relações entre os vassalos e seu suserano – ou mesmo entre si – eram significativamente menos complexas do que as relações entre um grupo de trabalhadores da década de 1980 e seu patrão – ou entre seus pares. O desenvolvimento tecnológico amplifica as relações sociais e comerciais, tornando o Estado mais complexo e burocrático, ao mesmo tempo que tornam as relações entre os indivíduos mais complexas.

Para compreendermos esses processos de desenvolvimento das sociedades, é preciso que essas coletividades sejam interpretadas lendo-se a realidade e suas contradições com base no movimento do real, ou seja, no que os indivíduos produzem em suas relações, traduzindo esse conjunto de relações complexas para uma noção de todo (totalidade); em outras palavras, compreender o conjunto da sociedade por meio de suas atividades centrais. Isso não quer dizer que precisamos saber de tudo, mas que é imprescindível identificar o que é essencial, o que é mais importante para o conjunto da sociedade e sua especificidade de uma forma dialética[3], entendendo todo o processo histórico e suas contradições internas.

||||||||||||||||||||||||||||

3 "Possivelmente o tópico mais controverso no pensamento marxista, a dialética suscita as duas principais questões em torno das quais tem girado a análise filosófica marxista: a natureza da dívida de Marx para com Hegel e o sentido em que o marxismo é uma ciência. A dialética é tematizada na tradição marxista mais comumente enquanto (a) um método e, mais habitualmente, um método científico: a dialética epistemológica; (b) um conjunto de leis ou princípios que governam um setor ou totalidade da realidade: a dialética ontológica; (c) o movimento da história: dialética relacional" (Bottomore, 2012, p. 101).

Trabalho

O que nos interessa neste momento é demonstrar, sinteticamente, a essência do conceito de trabalho dentro da história e suas implicações na sociedade moderna, em especial na sociedade capitalista[4].

Contudo, é também muito importante que aqueles que estudam os conceitos de trabalho e trabalho alienado possam entrar em contato com outras ideias filosóficas, econômicas e políticas. Para que possamos realizar isso de forma plena, apresentaremos nas próximas páginas o conceito de trabalho desenvolvido por Hannah Arendt.

1.4 O conceito de trabalho segundo Hannah Arendt

A filósofa política alemã Hannah Arendt (1906-1975) escreveu uma obra intitulada *A condição humana*, publicada em 1958, que nos serve como subsídio para sua definição do conceito de trabalho.

Contudo, é preciso antes contextualizarmos que a autora constrói uma teoria sob o **fazer humano**, denominado *vita activa*, e dentro dessa lógica está inserido o conceito de trabalho.

A noção de *vita activa* está alicerçada em três **atividades humanas** fundamentais:

---

4 "Capitalismo: Denominação do modo de produção em que o capital, sob suas diferentes formas, é o principal meio de produção. O capital pode tomar a forma de dinheiro ou de crédito para a compra da força de trabalho e dos materiais necessários à produção, a forma de maquinaria física (capital em sentido estrito), ou, finalmente, a forma de estoques de bens acabados ou de trabalho em processo. Qualquer que seja a sua forma, é a propriedade privada do capital nas mãos de uma classe, a classe dos capitalistas, com a exclusão do restante da população, que constitui a característica básica do capitalismo como modo de produção" (Bottomore, 2012, p. 51).

Trabalho e sociabilidade

- o trabalho;
- a obra ou a fabricação;
- a ação.

Estas três atividades humanas estão ligadas a três **condições humanas**:

- a vida;
- o pertencer-ao-mundo ou mundanidade;
- a pluralidade.

O trabalho é uma atividade que está ligada à sobrevivência humana, às necessidades orgânicas e fisiológicas da vida. Em muitas obras de leitores e pesquisadores que utilizam Hannah Arendt como referência, encontramos o conceito de trabalho relacionado ao termo *labor*, que, por vezes, é empregado em substituição àquele. Sinteticamente, a autora entende que o "trabalho é a atividade que corresponde ao processo biológico do corpo humano, cujo crescimento espontâneo, metabolismo e resultante declínio estão ligados às necessidades vitais produzidas e fornecidas ao processo vital pelo trabalho. A condição humana do trabalho é a própria vida" (Arendt, 2014, p. 8). Essa atividade não possibilita um registro durável, segundo a autora, pois sua única finalidade é a satisfação das necessidades básicas da vida e seu resultado desaparece no consumo.

Como o trabalho (ou labor) versa sobre a vida, o conceito sobre **obra** (ou fabricação) aborda o pertencer-ao-mundo (ou mundanidade), em que o ser humano produz algo alterando a natureza. Esse "algo" é um objeto durável e que será utilizado tanto quanto o ser humano achar necessário. Para Arendt (2014, p. 8), a obra "proporciona um mundo 'artificial' de coisas, nitidamente diferente de qualquer ambiente natural". É tudo que construímos ou produzimos e que vai além de nossas necessidades orgânicas e fisiológicas.

Já a **ação** versa sobre a pluralidade e ocorre em conexão entre os seres humanos sem que haja mediação – é uma relação direta entre eles. Nem o trabalho nem a obra têm ligação com a condição da pluralidade. Podemos considerar a ação como propriamente política, pois é a relação entre os pares que resulta na produção de algo novo. A existência humana é a condição para a "ação", seres humanos em relação à "ação" em si. Como essa relação produz o "novo", é preciso que, com as novas gerações, a "ação" se torne "ação política" para a criação e desenvolvimento de organismos políticos que possibilitem a recepção ordenada dessas novas gerações.

As três atividades (trabalho ou labor; obra ou fabricação; e ação) e as três condições (vida; pertencer-ao-mundo ou mundanidade; e pluralidade) estão conectadas à existência humana como um todo. O ser humano condicionado – pela relação que o mundo tem com ele – produz e altera a realidade por meio de sua intervenção direta individual ou coletiva. Dessa forma, ele transforma a realidade e se transforma também. Mas, como a própria autora alerta, "condição humana" não é o mesmo que "natureza humana", pois a condição humana é um produto das transformações do ser humano e da natureza operadas pela ação humana.

1.5 Alienação

O ser humano produz alterando a natureza e, por consequência, altera sua própria natureza. Essa é a definição de *ser humano produtivo* que controla objetivamente o mundo. Entretanto, para Marx, essa ideia só pode ser amplamente assimilada com a compreensão de sua negação, ou seja, da negação da produtividade plena – nesta, o indivíduo que produz não é simplesmente explorado, ele também se desenvolve produzindo. Em Marx, chamamos a negação dessa produtividade plena de ***alienação***.

Esse processo de alienação é intensificado com o surgimento da propriedade privada, porém esse conceito necessita também ser compreendido dentro de seu processo histórico.

Segundo Bottmore (2012, p. 304):

> Na teoria social marxista, o conceito de propriedade e algumas categorias correlatas (relações de propriedade, formas de propriedade) têm significação fundamental. Marx não considerava a propriedade apenas como a possibilidade daquele que a possui de exercer os direitos de proprietário, ou como o objeto dessa atividade, mas como uma relação essencial que tem um papel fundamental no complexo sistema de classes e camadas sociais. Dentro desse sistema de categorias, a propriedade dos meios de produção tem importância destacada. Lange (1963) diz que, segundo a teoria marxista, a propriedade dos meios de produção é "o princípio orgânico que determina tanto as relações de produção como as relações de distribuição".

Em Marx, a *alienação* (termo que significa "alheamento ou estranhamento") ocorre quando o trabalhador não se identifica como agente do processo que executa, vivenciando e experimentando passivamente o mundo, ou seja, é um **sujeito separado do objeto – e o objeto passa a lhe ser estranho**.

O ser humano produz alterando a natureza e, por consequência, altera sua própria natureza.

O psicanalista alemão Erich Fromm (1900-1980) sugere que o pensamento ocidental concebeu a alienação pela primeira vez no Antigo Testamento:

> Todo esse conceito de alienação foi pela primeira vez expresso no pensamento ocidental, através do conceito de idolatria do Antigo Testamento. A essência do que era chamado de "idolatria" pelos antigos profetas não está em o homem adorar muitos deuses em vez de um único. Está em os ídolos serem a obra das mãos do próprio homem – eles são coisas, e, no entanto, o homem curva-se ante elas e as reverencia; adora aquilo que ele criou. Ao fazê-lo, ele se transforma em coisa. Transfere às coisas de sua criação os atributos de sua vida, e, em vez de experienciar-se com a pessoa criadora, só entra em contato consigo mesmo através da adoração do ídolo. [...]. A idolatria é sempre a adoração de algo em que o homem colocou suas próprias forças criadoras e a que agora se submete, em vez de experienciar-se a si próprio em seu ato criador. (Fromm, 1970, p. 50-51)

Compreender profundamente as formas de alienação é o único meio de superá-la e criar possibilidades para a emancipação[5] humana. Em outras palavras, se o indivíduo deseja superar a condição em que ele é produtor de algo, mas não se identifica com o seu produto, vivenciando e experimentando de forma passiva a produção, é necessário que ele compreenda o processo de alienação para que consiga criar possibilidades de emancipação humana, em que a vivência e a experiência são realizadas de forma ativa pelo indivíduo.

A alienação "coisifica" (reifica[6]) as relações e o próprio ser humano, retirando-o de sua natureza, transformando-o em coisa e fazendo com que fique, assim, equiparado àquilo que ele próprio produz com sua força de trabalho. É um dos elementos principais da teoria marxista a ser assimilado, pois é base para o entendimento do trabalho alienado. É importante ressaltarmos que não existe uma definição única de alienação, tendo em vista se tratar de um conceito histórico que se manifesta em determinadas relações com algo e em consequência de alguma causa. Na próxima seção, iremos tratar do conceito de alienação no mundo do trabalho dentro da sociedade capitalista, com todas as suas contradições, em especial o seu efeito sobre os trabalhadores.

Mas, afinal, como o trabalho dentro do capitalismo torna-se trabalho alienado? É o que veremos a seguir.

---

5 "O marxismo propõe noções mais amplas das restrições e opções relevantes bem como da ação humana. Mais especificamente, Marx e os marxistas tendem a ver a liberdade em termos da eliminação dos obstáculos à emancipação humana, isto é, ao múltiplo desenvolvimento das possibilidades humanas e à criação de uma forma de associação digna da condição humana" (Bottomore, 2012, p. 123).

6 "Reificação é o ato (ou resultado do ato) de transformação das propriedades, relações e ações humanas em propriedades, relações e ações de coisas produzidas pelo homem, que se tornaram independentes (e que são imaginadas como originalmente independentes) do homem e governam sua vida. Significa igualmente a transformação dos seres humanos em seres semelhantes a coisas, que não se comportam de forma humana, mas de acordo com as leis do mundo das coisas. A reificação é um caso 'especial' de alienação, sua forma mais radical e generalizada, característica da moderna sociedade capitalista" (Bottomore, 2012, p. 314).

1.6 Trabalho alienado

Em outro ponto neste livro, quando conceituamos *trabalho*, afirmamos que, segundo Marx, a evolução humana ocorreu por meio do trabalho, isto é, do desenvolvimento de ferramentas e instrumentos e do processo de criação, avaliação e elaboração de novas técnicas. Esse processo fez surgir novas demandas, alterando a natureza e a própria natureza do ser humano. É no trabalho que a ação humana se materializa como produto, tendo, assim, seu valor de uso[7].

Dessa forma, precisamos abordar alguns conceitos dentro do modo de produção capitalista, como **divisão social do trabalho, propriedade privada** e **luta de classes**.

A **divisão social do trabalho** é um processo cultural humano de desenvolvimento e organização societária que auxilia no aumento de produção, organização e ordenamento das tarefas de sobrevivência de uma dada sociedade em um primeiro momento da história. Em uma fase de capitalismo industrial, a divisão do trabalho possibilita a agilização de processos visando a uma maior produtividade, e, por consequência, gera a exploração dos trabalhadores disfarçada na narrativa de desenvolvimento com

---

7 "Como a mercadoria é um produto que é trocado, aparece como unidade de dois aspectos diferentes: sua utilidade para o usuário, que é o que lhe permite ser objeto de uma troca; e seu poder de obter certas quantidades de outras mercadorias nessa troca. Ao primeiro aspecto, os economistas políticos clássicos chamavam de valor de uso; ao segundo, valor de troca. Marx ressaltou o fato de que, embora o valor de uso seja uma condição necessária para que um produto seja trocado e, portanto, tenha um valor de troca (ninguém trocará um produto útil por um produto que não tenha utilidade para ninguém), esse valor de uso da mercadoria não tem qualquer relação quantitativa sistemática com seu valor de troca, que é um reflexo das condições da produção da mercadoria" (Bottomore, 2012, p. 401, grifo do original).

maior agilidade e menor preço (o menor preço aqui é garantido na extração da mais-valia[8]).

No desenvolvimento humano, temos, em um primeiro momento, a **propriedade coletiva** e, depois, o surgimento da **propriedade privada**. Esta última se sobrepôs à outra "quando os interesses da transmissão por herança fizeram nascer a preponderância do direito paterno e da monogamia, o matrimônio começou a depender inteiramente de considerações econômicas" (Engels, 2012, p. 78). Portanto em dado momento da história da humanidade, a propriedade coletiva era preponderante nas comunidades. Quando a transmissão de herança fez nascer a preponderância do direito do pai, as relações de matrimônio começaram a depender, segundo Engels, de considerações econômicas e, por consequência, o que era coletivo passou a ser propriedade familiar, retirando dos interesses da comunidade organizada a primazia da propriedade e passando-a para a unidade familiar.

Com a propriedade nas mãos de famílias, emergem disputas pelo poder. É importante salientarmos que neste momento estamos tratando de famílias que tinham recursos suficientes para possuir terras (o controle de terras era também o controle da produção, em especial nos períodos pré-industrialização). No entanto, existia uma massa de famílias ou de indivíduos sem nenhum tipo de posse ou recursos além da venda da sua própria força de trabalho. Sinteticamente, definimos que essas diferenças econômicas fazem com que essas famílias e indivíduos ocupem lugares diferentes na sociedade – as **classes sociais**. A um grupo de indivíduos com *status* social similar chamamos de *classe social*.

---

8 "A extração da mais-valia é a forma específica que assume a exploração sob o capitalismo, a *differentia specifica* do modo de produção capitalista, em que o excedente toma a forma de lucro e a exploração resulta do fato da classe trabalhadora produzir um produto líquido que pode ser vendido por mais do que ela recebe como salário. Lucro e salário são as formas específicas que o trabalho excedente e o trabalho necessário assumem quando empregados pelo capital. Mas o lucro e o salário são, ambos, dinheiro e, portanto, uma forma objetificada do trabalho que só se torna possível em função de um conjunto de mediações historicamente específicas em que o conceito de mais-valia é crucial" (Bottomore, 2012, p. 227, grifo do original).

> ## Fique atento!
>
> É importante ressaltarmos que não podemos resumir o conceito de classe social ao que foi exposto. É um conceito que gera grandes debates na academia e vários autores aprofundam cada aspecto das diferenças entre classes nos diferentes sistemas de produção.

Nesse contexto de diferentes classes sociais e, por consequência, de diferentes interesses de classe, surgiu a **luta de classes**. A luta de classes teve início com a propriedade privada e a divisão social do trabalho. Foi nesse momento que a sociedade se dividiu entre donos dos meios de produção e trabalhadores. Com interesses antagônicos, classe dominante e classe trabalhadora protagonizam as principais disputas no desenvolvimento da sociedade capitalista moderna, e ainda o fazem. É por meio das "lentes" da luta de classes que podemos entender com maior clareza as disputas de poder e econômicas da atualidade, desde as questões relativas à reforma agrária até mesmo à aprovação de leis que beneficiam empresários em detrimento dos direitos dos trabalhadores.

Ainda por meio da teoria da luta de classes, pode-se entender com maior profundidade os conceitos de *direito proclamado* e *direito realizado*. Como exemplo, podemos citar a questão da educação básica no Brasil. Mesmo que a legislação – Lei n. 9.394, de 20 de dezembro de 1996, no inciso I do art. n. 4 – indique que a "educação básica obrigatória e gratuita dos 4 (quatro) aos 17 (dezessete) anos de idade" (Brasil, 1996), não existem escolas de ensino médio em quantidade suficiente para garantir o acesso de todos os jovens de 15 a 17 anos. Essa questão justifica-se pela grande quantidade de municípios brasileiros conjugada com o atraso no desenvolvimento do ensino médio no Brasil.

Trabalho

> **Para refletir**
>
> A quantidade de municípios brasileiros, mais de 5 mil, é muito superior à capacidade do Estado de construir unidades em cada um deles em curto espaço de tempo. Soma-se a isso o atraso do desenvolvimento brasileiro e diversos outros problemas sociais, como altas taxas de desemprego, mortalidade infantil, corrupção etc. Esses fatores acabam por criar um contexto em que grande parte dos jovens que termina o ensino fundamental não irá cursar o ensino médio.

Como temos interesses diversos entre classes, por vezes antagônicos, é possível compreender que nem todo direito aprovado por lei é de fato posto em prática, mas somente "proclamado". Por mais que a lei possa determinar um direito ou uma obrigação dentro da sociedade, a consecução desse direito depende das condições de realidade.

O exemplo da educação mostra que, mesmo com a obrigatoriedade descrita na lei, a realidade não permite que ela seja, no atual momento, plenamente executada. Então, podemos verificar que, no âmbito legal, nem sempre o que é proclamado é realizado.

Dito isso, voltemos à discussão sobre trabalho alienado. No capitalismo, a alienação se potencializa ao extremo, pois os trabalhadores não participam da direção do trabalho. E conforme os sistemas de trabalho coletivo se alteram e se tornam cada vez mais complexos, mais distantes os trabalhadores ficam do domínio da totalidade do seu trabalho, executando somente um fragmento dessa totalidade.

> **Para saber mais**
>
> O *filme* Tempos Modernos *(1936), de Charles Chaplin, faz uma crítica contundente ao modo de produção capitalista da época e é uma importante referência na filmografia sobre o tema.*

Quando o trabalho é dividido a ponto de o trabalhador perder a noção do todo, perde-se também parte do entendimento do que se está produzindo. Em outras palavras, o trabalhador de uma fábrica de automóveis, por exemplo, que trabalha oito horas diárias na fabricação de uma peça automotiva, consegue produzir dezenas de peças diariamente, especializa-se na produção dessa peça específica e até mesmo desenvolve técnicas para melhorar seu desempenho.

No entanto, ao longo do tempo, sua atividade se torna cada vez mais repetitiva e mecânica, distanciando aquele que produz do produto final, do qual, pela divisão do trabalho, ele só faz uma parte, fragmento do todo. Essa distância acaba por não proporcionar uma experiência de completude para o indivíduo, que termina não se identificando com sua atividade. O trabalho, assim, acaba não propiciando a expansão de potências capazes de desenvolver novas habilidades mentais e físicas do ser humano. Pelo contrário, o trabalho repetitivo e extenuante acaba por desumanizar o indivíduo, levando-o à condição de coisa, degradando-o a ponto de lhe causar desgastes físicos, como lesões por esforços repetitivos e tantas outras doenças do trabalho característicos do sistema capitalista. "Com a **valorização** do mundo das coisas, aumenta em proporção direta a **desvalorização** do mundo dos homens" (Marx, 2011, p. 111, grifo do original).

Hoje, no sistema capitalista, o ser humano tornou-se dependente da máquina. Anteriormente, os trabalhadores executavam manualmente a maior parte da produção, utilizando ferramentas como apoio. Ao utilizá-las, ele é parte de uma ação viva do trabalho, diferentemente do acompanhamento de uma máquina, em que o trabalhador é um mero apoio a esta.

Assim, quanto mais o trabalhador se desgasta, mais importante ele torna o mundo das coisas, mais o endeusa criando, assim, uma dependência voluntária daquilo que ele próprio criou. Se o trabalho não potencializa o que há de melhor no ser humano, ele o corrompe, o submete, pois o ser humano se desenvolve com o aumento de

> **O trabalho repetitivo e extenuante acaba por desumanizar o indivíduo, levando-o à condição de coisa.**

suas potências. Quando o trabalho degrada o ser humano, ao mesmo tempo o separa de sua identidade humana e arruína seu espírito e sua capacidade mental e física.

Ao afirmarmos que o trabalhador se aliena ao não ver o produto completo do seu trabalho, não queremos dizer que todo trabalho precisa ser executado do início ao seu fim pelo mesmo trabalhador, mas, sim, que **todo trabalho precisa ser compreendido em sua totalidade**, para que o trabalhador possa ter alguma identidade com sua atividade, retirando-se da condição de coisa por meio de formas de trabalho que possibilitem a sua emancipação.

Em seu livro *Manuscritos econômicos-filosóficos*, Marx define:

> A partir da própria economia política, em suas próprias palavras, expusemos que o trabalhador desce até o nível de mercadoria, e de miserabilíssima mercadoria; que a penúria do trabalhador aumenta com o poder e o volume da sua produção; que o resultado necessário da concorrência é a acumulação do capital em poucas mãos e, consequentemente, um terrível restabelecimento do monopólio; e finalmente, que a diferenciação entre capitalista e proprietário agrário, bem como entre trabalhador rural e trabalhador industrial, deixa de existir, e toda a sociedade se deve dividir em duas classes, os possuidores de propriedade e os trabalhadores sem propriedade. (Marx, 2011, p. 110)

Aqui cabe retomarmos uma reflexão sobre o processo de produção para uma melhor compreensão do trabalho alienado. A relação do ser humano consigo só se objetiva e se torna real para ele por meio de sua relação com outros seres humanos, ou seja, a socialização o humaniza. É possível imaginarmos essa relação com os produtos do nosso trabalho: se não nos identificamos com eles, passam a nos ser estranhos e não se estabelece, portanto, uma relação em que o indivíduo se humaniza ao produzir, mas sim a de submissão ao que foi produzido, uma vez que a relação real humanizadora é incompleta.

Quando afirmamos que o indivíduo está submetido ao produto em virtude de não haver uma relação humanizadora na produção, podemos destacar o fato de que o indivíduo que está produzindo

Trabalho e sociabilidade

executa tarefas mecanizadas que não o levam a refletir sobre o trabalho, que não o permitem desenvolver potências que o humanizam. Ele passa a não compreender todo o processo de produção e acaba por dominar somente os conhecimentos específicos do seu trabalho, fazendo-o de forma automatizada e mecânica, portanto, desumanizando-se em seu trabalho.

Ao não compreender o próprio processo de alienação, o indivíduo torna-se escravo das coisas e inicia a alienação dos demais indivíduos, que, coisificados, perdem seu valor humano, suas qualidades e suas potências. Os seres humanos coisificam uns aos outros quando a relação entre eles e as noções de direito à vida, de liberdade de expressão e de empatia pelos sentimentos do outro são substituídas por uma visão que percebe o outro e o trata como como sem vida, sem sentimentos, como não humano. Assim, o indivíduo não vê o outro indivíduo como ser humano, mas, sim, como objeto.

Quando um indivíduo dá a um objeto e a um ser humano o mesmo grau de importância, fica notória a inversão dos princípios basilares da vida humana coletiva. Fazendo isso, o indivíduo torna-se um ser mais degenerado que um escravo, visto que sua servidão é voluntária, e passa a idolatrar o produto de seu próprio trabalho (ou do trabalho de outros) – uma idolatria que cega e se torna o motor de sua própria vida, subvertendo suas características humanas.

Se nossa relação com os produtos passa a ser de idolatria ou adoração, há uma tendência de valorar mais os produtos do que as pessoas. O consumo de produtos que muitas vezes não têm uma função prática no nosso cotidiano ou o consumo exagerado podem ser chamados de *consumo alienado*.

Assim, podemos identificar o consumo alienado como uma característica presente nas sociedades capitalistas modernas. Diferentemente das comunidades primitivas, que consumiam somente o necessário para sua sobrevivência, o capitalismo moderno coisifica as relações humanas e transforma o consumo em compulsão. É como se o ser humano pudesse desenvolver suas potências por meio do consumo. As relações entres as pessoas, como já dissemos, também começam a ser coisificadas, tendo os produtos mais valor nas relações do que as potencialidades humanas. As pessoas projetam seus desejos em produtos e suas relações centram-se naquilo que é o objeto de desejo ou fetiche, e suas relações são estruturadas a partir deste centro, desumanizando cada vez mais os indivíduos.

1.7 Emancipação humana

Segundo Fromm (1970, p. 54), *emancipação humana* é a realização do ser humano não só como "indivíduo, mas também como ente-espécie". Ao apresentarmos o citado conceito, precisamos pensar a vida e o ser humano de forma completa e contextualizada. Entretanto, não trataremos agora da ontologia do ser social (que é assunto do próximo capítulo deste livro), mas do conceito construído historicamente e que nos importa neste momento.

Para Marx (2011), a revolução política (já realizada pela burguesia) permite uma emancipação política, enquanto a revolução social leva à emancipação humana. A revolução social muda as bases sociais e permite que o ser humano se realize como ente-espécie. É somente com a superação do trabalho alienado que o ser humano poderá se realizar como indivíduo e se potencializar, conseguindo ver o mundo que construiu e se identificando plenamente com ele, e essa identidade aumenta o sentimento de pertencimento do criador com sua obra.

A sociedade deve ter como objetivo o ser humano, não as coisas. A educação pode servir como instrumento para uma emancipação humana universal. E não estamos restringindo o conceito às questões de escolarização (também muito importantes), mas a um processo educacional que se faz nas relações humanas do cotidiano, em que todos os processos podem ser pensados, avaliados e criticados visando à compreensão do mundo real, da sua matéria e do ser humano em seu ambiente. Um processo que estimula o potencial humano, desafiando-nos a compreender melhor a realidade, a pesquisar, a desenvolver novas técnicas em um sistema de solidariedade e de não exploração de um ser humano por outro.

Como citamos anteriormente, estamos focando a realidade com as lentes do materialismo histórico, não como conceito ou tese momentânea, mas como teoria social, desenvolvida ao longo de anos por centenas de intelectuais comprometidos com o futuro da humanidade.

Contudo, é também muito importante que aqueles que estudam os conceitos de trabalho e trabalho alienado possam entrar em contato com outras ideias filosóficas, econômicas e políticas.

Síntese

Iniciamos este capítulo com a definição do *conceito de trabalho*, em especial sua função na compreensão do desenvolvimento humano ao longo dos séculos. A relação do indivíduo com o trabalho altera a natureza externa (meio ambiente) e também a natureza do próprio ser humano. Compreender esse processo de transformação da natureza e de si mesmo (o indivíduo transformando a natureza e se transformando ao mesmo tempo) nos dá subsídios para o entendimento do valor do trabalho no desenvolvimento dos seres humanos.

Na sequência, apresentamos a visão do alemão Karl Marx sobre o trabalho e os desdobramentos dessa perspectiva dentro da sociedade capitalista. Diferenciamos *instinto* de *consciência* e compreendemos a necessidade do pensamento e do planejamento para a avaliação do real, e como esse processo auxilia no desenvolvimento de ferramentas, técnicas e produtos que alteram a realidade e as relações dos seres humanos em sociedade, com a natureza e consigo mesmos.

A alienação e o trabalho alienado foram abordados visando à compreensão dos processos de trabalho dentro do capitalismo e como é importante superá-los para que o ser humano realize

Trabalho

plenamente suas potencialidades. Assim, apresentamos o conceito de *emancipação humana*, visando demonstrar as contradições das relações de trabalho dentro do capitalismo e as possibilidades fora dessas relações.

Finalizando o capítulo apresentamos a noção de trabalho para Hannah Arendt e o conceito de *vida activa* elaborado por essa filósofa, primando pela pluralidade intelectual e de visão de mundo que todo profissional precisa assimilar para escolher suas "lentes" (teoria social) para avaliar o real.

Questões para revisão

1. Qual a importância do desenvolvimento das mãos em um primeiro momento da evolução humana segundo Engels?

   a) Mesmo reconhecendo a importância do desenvolvimento das mãos na evolução humana, Engels considera como essencial, em um primeiro momento, o desenvolvimento da visão.

   b) As mãos são importantes durante o período de industrialização, segundo Engels, pois os operários precisam delas para manusear as máquinas.

   c) As mãos são essenciais no período feudal para a domesticação de animais segundo Engels.

   d) Engels afirma que milhares de anos de evolução física das mãos por meio do trabalho são essenciais para o desenvolvimento dos seres humanos.

   e) Mesmo reconhecendo a importância do desenvolvimento das mãos na evolução humana, Engels considera essencial, em um primeiro momento, o desenvolvimento do conjunto de todos os sentidos humanos.

2. De acordo com Karl Marx, o trabalho:

   a) é a ocupação profissional moderna que está articulada ao desenvolvimento do comércio entre diferentes países. O trabalho ganhou novo *status* com a criação das universidades.

   b) é a experiência viva dos seres humanos com os animais, excluindo-se desse processo a vegetação. Os animais e os seres humanos têm instinto, que é o que garante a similaridade do desenvolvimento das atividades de ambos.

c) juntamente com a palavra articulada, constitui-se em um dos principais fatores que atuaram na transformação gradual do cérebro do macaco em cérebro humano que, não obstante sua semelhança, é consideravelmente superior àquele quanto ao tamanho e à capacidade.

d) é um processo entre o homem e a natureza, processo este em que o homem, por sua própria ação, medeia, regula e controla seu metabolismo com a natureza.

e) É o processo de transformação internacional da natureza em produtos destinados ao comércio, com a finalidade de produzir a mais-valia.

3. O conceito de *alienação*, para Marx, é um processo de:

a) desenvolvimento das potencialidades humanas.

b) coisificação e reificação das relações e do próprio ser humano.

c) relação entre a imprensa e os trabalhadores.

d) transferência de bens ou direito para outra pessoa.

e) tensão existente entre capital e trabalho.

4. A divisão social do trabalho é:

a) um processo administrativo de planejamento e organização societária que auxilia no aumento da produção, organização e ordenamento das tarefas de sobrevivência de uma dada sociedade em um momento de industrialização.

b) um método científico de pesquisa e estudos societários que auxilia na compreensão da relação capital e trabalho, sendo utilizado também para organização da empresa de uma dada sociedade em período histórico colonial.

c) uma área da economia, responsável pela avaliação da produção e contabilização de lucros entre empresas das mais diversas áreas. Auxilia no planejamento estratégico macro privado no período histórico de desenvolvimento cibernético.

d) um processo educacional de formação e capacitação de indivíduos; auxilia no controle social da produção por meio do treinamento mecânico e adestramento produtivo de trabalhadores em um período de desenvolvimento industrial agrário.

e) um processo cultural humano de desenvolvimento e organização societária que auxilia no aumento de produção, organização e ordenamento das tarefas de sobrevivência de uma dada sociedade em um primeiro momento da história.

5. Assinale, com base no que viu neste capítulo, a alternativa que indica o marco da luta de classes:
   a) Criação das empresas multinacionais e do trabalho assalariado.
   b) Criação da escravidão e do comércio intercontinental.
   c) Criação dos direitos trabalhistas e da regulamentação das empresas.
   d) Criação da propriedade privada e da divisão social do trabalho.
   e) Criação da propriedade coletiva e da divisão social do trabalho.

Questões para reflexão

1. Este capítulo apresentou os conceitos de *trabalho*, *alienação*, *trabalho alienado* e *emancipação humana* visando aproximar esse conhecimento da realidade e prática profissional do leitor. Por outro lado, sabemos que é necessário entender o processo histórico de desenvolvimento humano e o que ainda é atual, tendo em mente que muitos conceitos se alteram durante os diferentes períodos históricos. Levando isso em consideração, como você utilizaria o conceito de alienação na sua atividade profissional?

2. Tendo em vista os conteúdos abordados no decorrer deste capítulo, disserte sobre os prejuízos sociais do trabalho alienado em nossa sociedade.

Para saber mais

COLMÁN, E.; DALA POLA, K. Trabalho em Marx e o serviço social. Londrina, 2009. Disponível em: <http://www.uel.br/revistas/ssrevista/pdf/2009/2009_2/Artigo%20evaristo.pdf>. Acesso em: 25 mar. 2019.

Esse artigo versa acerca da categoria trabalho *em Karl Marx e faz correlações diretas entre esse conceito e o trabalho do assistente social.*

SANTOS, N. T. T. dos. Trabalho e alienação. In: SEMINÁRIO CETROS: IMPERIALISMO, DEPENDÊNCIA E LUTAS SOCIAIS, 5., 2015, Fortaleza. **Anais**... Disponível em: <http://www.uece.br/eventos/seminariocetros/anais/trabalhos_completos/204-17290-19082016-015600.pdf>. Acesso em: 25 mar. 2019.

Santos analisa a categoria alienação *por meio de uma discussão sobre a divisão de trabalho capitalista, o salário e a exploração. Texto fundamental para o profissional da área social compreender a contradição entre trabalho e exploração no sistema capitalista.*

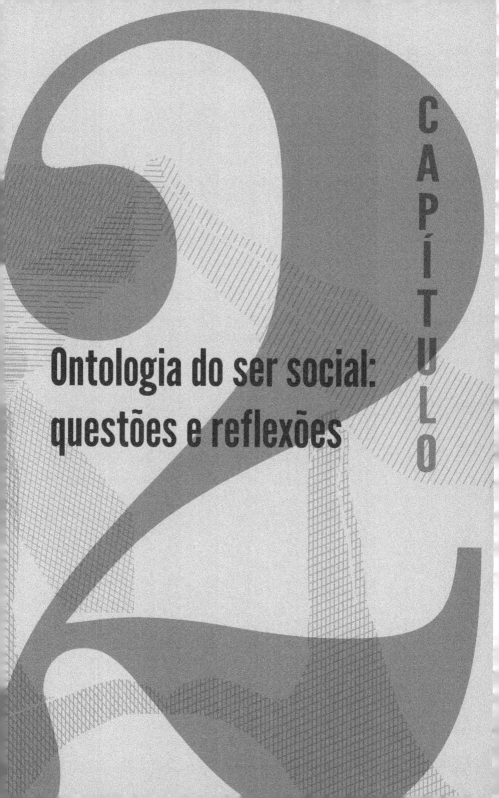

CAPÍTULO 2

Ontologia do ser social: questões e reflexões

Conteúdos do capítulo:

- Ontologia materialista.
- Ser social.
- Ideologia.
- Ontologia do ser social e sua aplicabilidade na leitura da realidade.

Após o estudo deste capítulo, você será capaz de:

1. compreender o conceito de *ontologia* visando avaliar o processo de desenvolvimento histórico do ser humano pelo viés do materialismo histórico, buscando entender como o homem se autoproduz pelo trabalho;
2. entender o conceito de *ser social* como ferramental para a compreensão do indivíduo em sociedade;
3. reconhecer o papel da ideologia para dar respostas às demandas no desenvolvimento da sociabilidade;
4. relacionar os conhecimentos sobre ontologia do ser social e a avaliação e reconhecimento das relações na sociedade contemporânea.

Trabalho e sociabilidade

Após discutirmos no primeiro capítulo os conceitos de *trabalho, alienação, trabalho alienado* e *emancipação humana,* avançaremos na compreensão da realidade concreta do ser humano. Para isso, apresentaremos o conceito de *ontologia materialista, ser social* e *ideologia,* criando, assim, uma base conceitual para o aprofundamento do debate sobre trabalho e prática profissional. Nosso foco neste momento é a conexão entre o conhecimento teórico e a análise empírica da realidade que o profissional deve fazer em sua atuação.

2.1 Ontologia materialista

No capítulo anterior, apresentamos o conceito de trabalho visando garantir uma base conceitual mínima para uma leitura da realidade do ponto de vista do materialismo histórico. Contudo, é necessário compreendermos o conceito de ser social para percebermos como esses conceitos são reconhecidos no processo histórico de desenvolvimento dos seres humanos e nas suas inter-relações. Para isso, necessitamos estudar a **ontologia materialista**.

Na filosofia clássica, o conceito de *ontologia* pode ser entendido como o estudo do "ser como ser" (Comte-Sponville, 2003, p. 424), refletindo ainda de forma muito idealizada sobre os seres humanos e pouco refletida a partir das ações da vida concreta desses indivíduos. Dessa forma, tornou-se necessário um estudo do "ser como ser" por meio da sua realidade concreta, analisando a materialidade do seu processo histórico.

Ao compreendermos os indivíduos em seu contexto histórico com base no que é concreto na sua realidade, é possível analisar processos históricos de desenvolvimento das comunidades, suas características sociais e econômicas.

Ao estudarmos a alienação, no capítulo anterior, verificamos que pode existir uma coisificação dos indivíduos, ou seja, uma transformação das pessoas em coisas. Por isso, é necessário resgatar o sentido ontológico do ser humano (o ser em si mesmo, uma investigação teórica do ser) que tenha alicerce na sua realidade concreta.

Marx, ao se apropriar da produção intelectual de grandes pensadores do seu tempo, como Adam Smith, David Ricardo, Georg Wilhelm Friedrich Hegel e Ludwig Feuerbach, sintetiza o que julga o melhor desses autores e critica neles o que acha serem limitações conceituais, produzindo novas formulações que garantem ao estudo da economia política um alicerce teórico seguro. Frederico (2009, p. 67) define que "a ontologia marxiana do ser social trabalhará fundamentalmente com categorias que são 'formas de ser, determinações da existência'", ou seja, Marx vai utilizar em seus estudos categorias (formas de ser, características da existência) para verificar na realidade concreta os elementos constitutivos dessa realidade e suas relações. Uma das categorias que podemos usar como exemplo é a "contradição". Existe uma contradição entre os interesses dos empresários e os da classe trabalhadora. Quando o capitalismo entra em crise, essas contradições tendem a se agudizar e o movimento da história é produto desses embates.

Para Marx (2011), a condição vital para o exercício da liberdade é o ser humano ser sujeito da história, força vital do processo histórico e social. Essa é uma questão central que necessita ser compreendida para avançarmos para outras etapas de estudo. Para isso, precisamos comparar momentos históricos diferentes.

Nos momentos históricos pré-capitalistas, podem ser observadas formações sociais organizadas pela lógica religiosa ou pela transmissão de poder por via hereditária. Essa lógica associa o desenvolvimento da sociedade a questões que estão atreladas a mitos ou regras sociais que retiram dos indivíduos a capacidade plena de liberdade e desenvolvimento. Aqui cabe salientarmos que o capitalismo não resolveu completamente essas questões, pelo contrário; porém, é possível entender que as revoluções burguesas avançaram no entendimento do indivíduo em sociedade, questão que nos períodos anteriores estava reprimida.

Quadro 2.1 - Revoluções de cunho burguês

Revolução Inglesa	Revolução Americana	Revolução Francesa
Iniciada em 1640 e terminada em 1688, tornando a Inglaterra uma monarquia constitucional.	Culmina na Independência dos Estados Unidos da América em 1776.	Após passar por diversos sistema de governo se torna uma República em 1871.

Fonte: Elaborado com base em Miceli, 2005.

Com o avanço do entendimento do indivíduo em sociedade, produto das revoluções burguesas (inspiradas no movimento iluminista dos séculos XVII e XVIII), o ser humano passa a ser visto como sujeito do processo e resultado do seu próprio trabalho. Dessa forma, Marx apoia-se na ideia de atividade como perspectiva de movimento da realidade, em que o trabalho é o centro do desenvolvimento humano, por meio do qual o ser humano produz e se autoproduz.

É importante ressaltarmos que Marx opta por uma visão que dá prioridade para a ação política de grupos excluídos (à época) de sociedade civil: "Enquanto os interesses privados dos ricos eram por eles considerados como ativos (baseados no egoísmo), os interesses dos pobres situavam-se na esfera da passividade e da privação ('interesses privados que sofrem')" (Frederico, 2009, p. 172).

Ao citar o pensamento de Marx, Frederico (2009) identifica uma clara separação entre a concepção de sociedade civil da época, que somente incluía aqueles que tinham formação ou recursos financeiros e era baseada nas mais diversas teorias sociais, e a nossa atual. O salto qualitativo teórico de Marx, ao colocar o trabalho como centro, reorganiza a visão de sociedade e de compreensão das relações sociais existentes.

Segundo Frederico (2009, p. 176), Marx "retoma a ideia hegeliana de atividade", entendendo que é a atividade, ou autoatividade, o próprio processo de produção do indivíduo. Esse é o centro do debate sobre a evolução humana em Marx: o ser humano em atividade que produz o próprio ser humano. Por consequência, toda atividade do ser humano interfere em sua formação.

Com a compreensão de que o ser humano em atividade produz o próprio ser humano, temos uma ruptura entre a visão de mundo centrada em mitos ou construções teóricas que retiravam o ser humano do centro do debate e uma nova concepção, que consegue integrar o conjunto teórico já desenvolvido anteriormente (ciência) e dar uma noção de totalidade à realidade social.

É importante frisarmos que a alteração do centro de estudos do desenvolvimento humano do mítico para a própria atividade humana altera também o eixo dos estudos que tentavam, até aquele momento, analisar a evolução da humanidade. Portanto, é uma mudança substancial nas análises.

Os animais necessitam da natureza para sua sobrevivência – as alterações que fazem nesse âmbito podem ser consideradas pontuais e realizadas como um ato que visa à manutenção da sua vida. Já o ser humano altera radicalmente a natureza e se diferencia dos animais ao modificar grandes espaços geográficos, com vistas a garantir um padrão de vida que ultrapassa as condições mínimas para sua sobrevivência individual.

Dessa forma, o ser humano e a natureza não são mais compreendidos como coisas separadas. A relação entre eles passa a ser vista pela perspectiva da mediação da atividade material, ou seja, o ser humano é o mediador da relação. Então, temos em Marx uma **concepção monista** (princípio único) da vida social. A atividade, como conceito, se torna princípio basilar da sociabilidade enquanto capacidade natural do ser humano de viver coletivamente, em sociedade.

Nesse contexto, utilizaremos o conceito de *sociabilidade* para apresentar os processos históricos de desenvolvimento humano e as relações sociais que ocorrem ao longo da história e como eles podem ser compreendidos e correlacionados.

Outro importante ponto do desenvolvimento de toda a teoria de Marx é a crítica da mistura da vida real com o movimento abstrato do autodesenvolvimento do espírito de Hegel. Para Marx, não podemos desenvolver um pensamento sem que ele esteja objetivado na realidade. O pensamento em si mesmo, sem estar refletido diretamente na realidade, desfigura a visão do real, desloca-se da vida.

> Propondo uma dialética centrada em objetos reais, Marx separa claramente o momento positivo da *objetivação* – aquele em que o homem exterioriza suas forças essenciais e se reconhece em suas obras – do momento negativo da *alienação*, quando por razões históricas e sociais, o resultado de sua objetivação deixa de ser reconhecido. Assim o primeiro momento, o da objetivação, da afirmação ontológica do homem, ganha uma materialidade inexistente em Hegel. Tal materialidade pressupõe a irredutível alteridade do mundo objetivo que, mesmo sendo reconhecido pela consciência humana, a ela permanece exterior, contrariamente à mística identidade entre sujeito/objeto da dialética hegeliana. Essa teoria da objetividade como externalidade material ineliminável do mundo real, em relação à consciência dos indivíduos, Marx acrescenta um segundo momento, aquele da alienação, como o resultado histórico e transitório da degradação ocasionada pela propriedade privada. (Frederico, 2009, p. 181-182, grifo do original)

Dessa forma, **a realização do trabalho é sua objetivação e o produto do trabalho é o trabalho fixado em um objeto que se transforma em coisa**. No sistema de exploração de um ser humano por outro, o objeto criado pelo trabalhador o escraviza, o afasta de sua própria realidade, fazendo-o estranho a ele próprio (estranhamento), e o aliena (alienação).

Frederico (2009, p. 182) afirma que "o trabalho humano, assim, em duas dimensões: é antes de mais nada, a determinação ontológica fundamental; mas no mundo da propriedade privada e da divisão do trabalho, torna-se o fundamento de toda a alienação", entendendo que é no mundo da exploração de um ser humano por outro, onde existem interesses antagônicos de classe em disputa, que a alienação se transforma em perda da realidade do indivíduo, como já afirmado.

O contexto/sistema que orienta as relações sociais pode transformar o processo de desenvolvimento das potências humanas em alienação, retirando do indivíduo, por meio do trabalho, sua capacidade de transformar a natureza e transformar-se.

Ao compreendermos esse procedimento de desenvolvimento dos seres humanos e suas relações sociais, podemos avançar na reflexão sobre os antagonismos entre capital e trabalho e, por consequência, sobre a superação da alienação. Dessa forma, precisamos recuperar alguns conceitos já tratados no capítulo anterior, em especial o de *consciência*, para retomarmos a discussão sobre trabalho e natureza e avançarmos sobre a questão do ser social.

2.2 Ser social

Inicialmente vamos definir *ser social* pela perspectiva do marxismo. Schaff (1967) ao interpretar a obra de Marx define que "o homem é um ser social e como tal está sempre ligado às condições sociais. Marx compreendeu o problema bem cedo notando que o **indivíduo** é sempre o ponto de partida" (Schaff, 1967, p. 55, grifo do original). Então o indivíduo é o ser social. Mas a compreensão do conceito necessita de uma maior contextualização e reflexão.

Diversos autores definiram o conceito de **ser social**, e isto está presente no conjunto de obras que são referências para o estudo do tema[1]. No entanto, neste ponto do texto é necessário deixarmos claro o que consideramos *elementos básicos* para a compreensão do conceito, visando conectá-lo ao conjunto dos demais temas abordados neste livro.

Conforme vimos no capítulo anterior, para Marx, os seres humanos, como espécie, desenvolveram-se socialmente por meio do

---

1 Visando pontuar alguns autores que tratam do ser social é necessário citar György Lukács (em especial sua obra *A ontologia do ser social*), Marilena Chaui (como exemplo, citamos o livro *O ser humano é um ser social*), David Harvey (citamos, como exemplo, a obra *Condição pós-moderna*), Marilda Villela Iamamoto (como exemplo, citamos o livro *Trabalho e indivíduo social*), entre outros autores.

trabalho. A fala nos permite conhecer e reconhecer a realidade por meio da troca com outros seres humanos, nos organizar socialmente, fazer acordos de socialização, criar regras e leis. O desenvolvimento de ferramentas e técnicas criou novas necessidades que, por sua vez, alteraram a natureza externa e também a natureza do próprio ser humano. Conforme os seres humanos desenvolvem novas habilidades, criam novas técnicas, alteram sua condição física para manusear ferramentas com maior habilidade, passam a melhorar suas condições de vida, seja pela alimentação (diversificada pela caça e pela coleta de alimentos), seja na defesa da predação de outros animais.

A melhora nas condições de vida permitiu aos seres humanos um nível maior de organização social, pois passamos a conviver em grandes grupos, o que nos levou a uma divisão de tarefas que nos permitiu a sobrevivência como grupo. Dessa forma, o indivíduo não necessitava ele próprio produzir/coletar/caçar tudo o que consumia, pois na vida em sociedade existe um acordo social que possibilita nossa sobrevivência em grupo com base em uma organização social complexa, em que cada indivíduo cumpre determinado papel, isto é, cada um tem uma **função social**.

É vivendo em grupos que o ser humano se desenvolve – em um primeiro momento, em família, e ampliando, com o passar dos anos, seu campo de atuação. Uma criança com idade de zero a seis anos tem a maioria do seu tempo dividido entre a família e/ou indivíduos próximos. Após esse período, sua socialização aumenta consideravelmente, tanto em virtude de frequentar a escola quanto por se dedicar a outras atividades sociais em que a criança trava contato direto com pessoas diferentes do seu convívio dos primeiros anos, criando novas relações e se deparando com vivências e experiências diversas. Assim, estabelecemos diversas relações, com diferentes fins – criamos identidades grupais, estabelecemos nossas diferenças identitárias, nos contrapomos a algo para desenvolver características próprias, aderimos a características de outros e, assim, construímos a nós mesmos como indivíduos em sociedade.

Somos uma construção em meio a diversas relações sociais, as quais influenciamos e pelas quais somos influenciados. Nossa existência se realiza em sociedade, por nossa relação com outros seres humanos e com a natureza. Nesse sentido, o trabalho e as relações sociais aprimoram as potencialidades humanas. Em outras palavras, o ser social é produto do trabalho e da vida em sociedade.

Assim sendo, nesta obra, não consideramos o indivíduo isoladamente em nossos estudos, visto que as relações dos seres humanos com a natureza e entre seus pares têm de ser analisadas em um contexto de totalidade. Os processos históricos de desenvolvimento dos seres humanos e os contextos em que ocorrem é que nos permitem a análise de quais são os principais fatores de desenvolvimento social da espécie humana e como isso ainda pode ser reproduzido, de alguma forma, socialmente, considerando os seres humanos em um processo permanente de evolução. Mesmo vivendo em sociedades complexas como as atuais, existe uma série de questões sociais que devem ser analisadas por uma perspectiva de desenvolvimento histórico e social. Como exemplo, é possível refletirmos sobre o preconceito de classe social, que se baseia no acesso a renda dos indivíduos e suas famílias. Outro exemplo é o preconceito racial ou geracional (fundamentado na diferença de idades).

2.3 Prévia-ideação, objetivação e exteriorização

Antes de apresentarmos o debate sobre os conceitos de *prévia-ideação*, de *objetivação* e de *exteriorização*, apresentaremos o filósofo húngaro György Lukács, que foi um importante intelectual influenciado por Immanuel Kant, Georg Wilhelm Friedrich Hegel e Karl Marx. Em sua obra, Lukács expande o trabalho de Marx e suas teorias, em especial pela reconstituição das teorias marxistas de alienação, ideologia, falsa consciência, reificação e consciência de classe. A introdução desse autor neste momento do texto se justifica, uma vez que seus estudos aprofundam debates iniciados por Marx e nos ajudarão a compreender como alguns processos históricos do desenvolvimento humano nos trouxeram até a atual forma de capitalismo.

Marx e Lukács definiram o trabalho e a forma originária (primária, protoforma) do agir humano como **categoria de análise humana** (Lessa, 2016). Todavia, não devemos limitar todos os atos humanos e suas derivações à questão do trabalho, mas analisar a condição central do desenvolvimento societário, ou seja, a unidade comum a todos e reproduzida em grande escala e que se torna um *modus operandi* societário. Algumas teorias sociais defenderão uma análise separada de cada aspecto da sociedade, fragmentando o entendimento da realidade em milhões de teses que, muitas vezes, não se conectam nem dialogam. A intenção da perspectiva materialista histórica é verificar, na realidade, o que é comum no desenvolvimento social ao longo do tempo e quais modificações/alterações ocorrem durante esse processo, sem fragmentar ou parcelar o conhecimento, analisando a realidade de forma objetiva e crítica na sua totalidade.

> Somos uma construção em meio a diversas relações sociais, as quais influenciamos e pelas quais somos influenciados. Nossa existência se realiza em sociedade, por nossa relação com outros seres humanos e com a natureza.

Já debatemos sobre a importância da consciência para a modificação da ação humana. No entanto, toda ação é antecedida por uma reflexão da situação, que Lukács chama de ***prévia-ideação***.

> A prévia-ideação é sempre uma resposta, entre outras possíveis, a uma necessidade concreta. Portanto, ela possui um fundamento material último que não pode ser ignorado: nenhuma prévia-ideação brota do nada, ela é sempre uma resposta a uma dada necessidade que surge em uma situação determinada. Ela é sempre determinada pela história humana. (Lessa, 1999, p. 22)

Na prévia-ideação, o indivíduo reúne o conhecimento da realidade e a idealiza em sua mente, projetando no mundo real algo que está somente no plano das ideias e que será executado. Segundo Lessa (2016, p. 28, grifo do original), "o momento da prévia-ideação é **abstrato**", mas isso não significa que não tenha base real alguma, pois os elementos da realidade são conectados de acordo com o conhecimento do indivíduo, que fará uma adaptação do real/material segundo o idealizado.

Os conhecimentos do indivíduo tornam possível que a prévia-ideação esteja baseada no real. Por exemplo: se alguém pensa em produzir uma machadinha, já tendo visto previamente um objeto semelhante, pensa nos materiais dos quais ela é feita, buscando na natureza a mesma matéria-prima ou alguma similar. Consideramos *prévia-ideação* somente enquanto essa ideia não é objetivada, ou seja, o tempo em que ela permanece apenas no plano das ideias e não é posta em prática.

Uma questão decisiva para o entendimento da prévia-ideação é sua necessidade de objetivação. **O idealizado, quando realizado, torna-se objetivado**. Sem o momento da prévia-ideação, não há possibilidade de construção ou desenvolvimento de algo. Seguindo essa lógica, Lessa (2016, p. 29) define que o "objeto é a ideia objetivada, a ideia transformada em objeto". Aqui, cabe também ressaltarmos que, mesmo nos processos de prévia-ideação e objetivação, indivíduo e objeto criado são distintos.

Entre o idealizado e o objetivado, existe um processo de **adaptação**. Por exemplo: quando alguém vai construir uma casa, entre a idealização das características e da quantidade de tijolos, cimento, ferramentas, canos e todos os demais materiais necessários e a realidade, talvez nem tudo estará de acordo com o que foi idealizado. O solo pode precisar de mais cimento para base da casa, por exemplo, ou os tijolos podem ter sido imaginados de tamanho diferente do que são na realidade, o que irá requerer a utilização de mais ou de menos tijolos, e assim por diante. Essa

prévia-ideação é um esboço do real, mas, quando o indivíduo começa a execução, se depara com as contradições da realidade, que o levam a se apropriar mais do conhecimento do que é real, e essa apropriação leva a uma condição de conhecimento cada vez mais elevada.

O movimento de transformar a prévia-ideação em objetivação, ou seja, de transformar a ideia em algo real, de produzir, não é algo que ocorre necessariamente de forma natural, pois nem tudo que pensamos consegue dominar todos os aspectos da realidade, como já exemplificamos. Esse "algo diferente" entre o pensado e o realizado exige do indivíduo um novo pensar, uma reflexão mais profunda sobre a realidade, visando cumprir a exigência de produzir (transformar o ideal em real). Lessa (2016, p. 31), ao interpretar a obra de Lukács, afirma que o indivíduo "com novos conhecimentos e habilidades passa a ter novas necessidades; novos conhecimentos levam sempre a novas necessidades", esse movimento exige da pessoa um esforço contínuo de pensamento e de domínio de conhecimento pois a exteriorização (produção) demanda a resolução de problemas reais que não estavam presentes na prévia-ideação.

A exteriorização, tendo-se em mente a leitura de Lukács e Lessa, é a possibilidade humana de criação de objetos sociais por meio do trabalho; é o momento do trabalho em que a subjetividade (conhecimentos e habilidades) é confrontada com a objetividade externa, no caso, a causalidade.

O ser humano vive em processo contínuo de desenvolvimento intelectual mediado por sua relação com a natureza e também por suas relações sociais. Mas nem todo processo é linear, logo, nem todas as condições da realidade podem ser mensuradas ou previstas matematicamente. É preciso avançar no entendimento do conceito de causalidade e sua importância para o desenvolvimento humano.

2.4 Causalidade

"Nada existe senão no interior de relações causais" (Lessa, 2016, p. 34). Com essa afirmação, Lessa, abordando Lukács, coloca o indivíduo dentro de uma totalidade de relações de causa e efeito puramente físico-químicas e também com a humanidade (relação possível apenas com a mediação da consciência e da sociedade). Podemos sintetizar essas relações chamando-as simplesmente de **relações causais**.

A **causalidade** aqui deve ser entendida como a execução de algo que ao ser externalizado encontra na realidade um conjunto de adversidades que fogem ao controle do executor. Não há possibilidade de alguém dominar todas as condições objetivas da realidade de forma aberta (pesquisadores podem criar em seus laboratórios condições controladas para experimentos, porém, isso é considerado pontual). A construção de uma casa pode levar em consideração a condição climática, o solo e diversas outras questões que podem ser previstas, porém, não totalmente controladas.

Entender que a causalidade também provoca novas necessidades e novas possibilidades nos faz descartar uma forma de ler o mundo de maneira completamente linear e não contraditória. A leitura da realidade e do movimento da sociedade deve ocorrer dentro de uma lógica de contradições, causalidades e contraposições. O pensamento linear, sem contradição, desumaniza e idealiza a leitura da realidade.

2.5 *Intentio recta*

Sinteticamente, *intentio recta* é a necessidade, presente no trabalho, de entendimento do real.

Ao entendermos como o trabalho altera o ser humano e, por consequência, a realidade, podemos detalhar com mais precisão como se dá o movimento do real, ou seja, como cada indivíduo processa cada etapa entre a prévia-ideação até a objetivação, o trabalho em si e as contradições entre a idealização e a realidade concreta. Para Lessa (2016, p. 38), na leitura de Lukács, "um processo de objetivação, para ter êxito, deve ter por base um efetivo conhecimento do setor da realidade que pretende transformar", ou seja, é necessário o domínio do conhecimento da realidade objetiva, do contexto em sua totalidade. Dessa forma:

> A necessidade, essencial ao trabalho, de captura do real pela consciência, de modo que possa transformar com sucesso a realidade segundo uma finalidade previamente idealizada, é o fundamento ontológico de um impulso ao conhecimento do real que Lukács, após Hartmann, denominou *intentio recta*. (Lessa, 2016, p. 38)

A finalidade do que é objetivado é sempre socialmente construída, é uma necessidade da realidade objetiva humana, uma necessidade social. Assim sendo, não é algo natural, que está pronto e acabado. Não existem ferramentas prontas – um machado de pedra precisa de um cabo e da pedra, portanto, será idealizado e o indivíduo buscará esses elementos na natureza. Entretanto, a realidade se impõe ao indivíduo, e este vai adaptar o idealizado ao contido naquele contexto específico. É a finalidade que orienta a busca.

Então, temos dois processos. No primeiro, singular, em que o indivíduo necessita produzir a ferramenta, com o fim predominando sobre o meio: se o indivíduo quer produzir o machado, vai procurar madeira e pedra, e não frutas, por exemplo. No segundo, em que há transmissão de conhecimentos historicamente acumulados, o meio predomina sobre a finalidade, impulsionando, assim, a consciência para além da individualidade, tornando-se conhecimento coletivo do mundo exterior, da realidade objetiva. Sendo assim: "O conhecimento requerido para a transformação do real de ser, em algum grau, reflexo do real e não reflexo da subjetividade individual: esse conhecimento poderá cumprir sua função social tanto melhor quanto mais desantropomorfizado for" (Lessa, 2016, p. 40).

Dito de outro modo, não podemos antropomorfizar (dar uma atitude, ações e qualidades próprias de seres humanos a elementos da natureza). O conhecimento do real necessita de entendimento do conjunto de processos da natureza, separando o que é humano das questões químico-físicas da natureza. Tomando novamente o machado como exemplo, sabemos que o objetivo de sua construção é a prioridade, não importando nossa reflexão sobre a nossa condição humana – nesse momento, é preciso separar ambas as questões para cumprir o objetivo. Ao compreender seu objetivo real e conseguir reproduzi-lo em outras atividades, o indivíduo desenvolve controle e aperfeiçoamento desse conhecimento, que, incorporado ao trabalho, pode se tornar uma tarefa cada vez mais automatizada do ser, sendo generalizada. Dessa forma, temos a nucleação da futura ciência, fundada pela captura dos nexos do real pela subjetividade.

A *intentio recta* auxiliou no desenvolvimento da ciência, porém não temos como conjecturar que todo o desenvolvimento da ciência se fez pela capacidade humana de transformar a natureza. É necessário aprofundar e entender o processo de desenvolvimento histórico do ser humano sem nenhum tipo de generalização que acabe por comparar etapas diferentes como se fossem iguais.

2.6 Intentio obliqua

Sobre o entendimento de que a *intentio recta* é uma interpretação que se aproxima das condições reais da existência, Lessa (2016), em sua leitura de Lukács e Hartman, afirma que a *intentio obliqua* é uma pulsão que interpreta a realidade justamente de outra forma, submetendo os seres humanos a uma condição ampliada de exploração e desumanização, servindo como lógica interpretativa de ontologias fictícias.

> Fazendo uma contraposição com o *intentio recta*, a *intentio obliqua* se constitui enquanto uma interpretação globalizante do existente a partir de uma **antropomorfização do ser**. A teleologia, categoria puramente social e presente apenas nos atos singulares dos indivíduos historicamente determinados, é estendida a toda natureza, convertendo-se em categoria que confere sentido à ordem universal. (Lessa, 2016, p. 47, grifo do original)

Ao não compreenderem o que há de real na realidade e optar por explicações facilitadas e sem grande compromisso científico, essas ontologias fictícias acabam por se tornar barreiras para o desenvolvimento do conhecimento sobre o ser social e a natureza. Assim, torna-se impossível transformar aquilo que não se conhece, a realidade não se altera e nem os seres humanos se desenvolvem, pelo contrário, se atrofiam.

A intensificação de uma interpretação da realidade em que o mítico (não real) toma o lugar da ciência acaba por produzir justificativas baseadas numa suposição ou discurso que não analisa o processo histórico de desenvolvimento do ser humano e da natureza, criando obstáculos para a compreensão do real. Podemos citar o racismo e o machismo como exemplos de uma compreensão do real baseada em argumentos que desconsideram o processo histórico de desenvolvimento do ser humano.

A importância de citarmos o *intentio obliqua* se justifica para que o leitor possa refletir que nem sempre podemos utilizar a prática cotidiana como base da nossa teoria, pois aquela pode estar contaminada por uma interpretação da realidade baseada no mítico e não no concreto.

2.7 Reprodução social

Vimos que o produto do trabalho cria novas necessidades para os seres humanos, além de alterar a natureza e o próprio indivíduo. Essas novas necessidades dão origem a novas habilidades e conhecimentos. Uma vez compreendendo o trabalho como protoforma do agir humano, sabemos que esse processo histórico de desenvolvimento de nossa espécie não findou: estamos em pleno desenvolvimento de nossas capacidades.

Sinteticamente, podemos afirmar que reprodução social é o processo ininterrupto de renovação da produção material e cultural dos indivíduos. As necessidades sociais de produção e reprodução econômica são dirigidas pela classe dominante, visando à manutenção dos seus ganhos financeiros.

Ao desenvolverem ferramentas para aumentar sua capacidade de intervenção na realidade – seja para alimentação, seja para sua defesa –, nossos ancestrais alteraram o material retirado da natureza para servir aos seus propósitos. Retomando o exemplo do machado, a madeira e a pedra modificadas para a construção dessa ferramenta tornam-se diferentes dos objetos encontrados na natureza. Dessa forma, e ao realizar essas atividades inúmeras de vezes, o indivíduo adquiriu o conhecimento de quais eram as melhores madeiras e as melhores pedras, apropriando-se da realidade objetiva e sabendo escolher o melhor item para suas ferramentas. O domínio do conhecimento e o desenvolvimento de novas técnicas fazem com que os indivíduos reforcem seu domínio sobre a natureza e desenvolvam sociedades cada vez mais complexas. Essa complexidade nas estruturas sociais e nas relações, por consequência, aumenta a exigência de uma organização da sociedade que distribua tarefas e responsabilidades para a convivência coletiva. Séculos de conhecimento são acumulados para saber cada vez mais sobre como produzir aquilo que irá melhorar as condições de vida individual e coletiva.

Lessa (1999, p. 25) afirma que "todo ato de trabalho resulta em consequências que não se limitam à sua finalidade imediata", pois são atos em que os seres humanos desenvolvem também suas capacidades físicas e intelectuais. O movimento de produzir também possibilita que problemas novos surjam e sejam incorporados a uma rotina de solução de novos problemas. A produção material é, para os seres humanos, um ato formativo, um ato educacional, quando desenvolve as suas capacidades humanas.

Quando a produção material não desenvolve as capacidades humanas, ela aliena os indivíduos.

Como o ato do trabalho transforma as formas de produção, estas, sendo mais complexas, consequentemente alteram também as relações sociais, criando novos complexos sociais para atender às demandas da sociedade. Lessa (1999, p. 25) define que "enquanto o trabalho visa à transformação da realidade para a produção dos bens necessários à reprodução material da sociedade, os outros complexos sociais buscam ordenar as relações entre os homens. Nisto eles são radicalmente diferentes".

O indivíduo intensifica a complexidade de suas ações e sua relação com a natureza e se desenvolve. Ao se desenvolver e se reproduzir, como espécie, torna também complexas suas relações sociais. Alterando a natureza, o indivíduo se altera e, por consequência, altera também sua relação social. O desenvolvimento físico que permitiu que o dedo opositor pudesse manusear com firmeza outros objetos, assim como possibilitou a fala, a organização tribal, a divisão dos trabalhos coletivos, a religião, o Estado, entre outros aspectos, é produto do trabalho e das relações de poder entre os seres humanos. É dessa forma que entendemos o desenvolvimento humano como uma série de relações que chamamos de *complexo social*. Em síntese:

> **Reprodução social é o processo ininterrupto de renovação da produção material e cultural dos indivíduos.**

> Conjunto de relações sociais que se distingue das outras relações pela função social que exercem no processo reprodutivo. Assim, a função social da fala (expressar o novo incessantemente produzido pelo trabalho tanto na consciência dos indivíduos como na comunicação indispensável entre eles) é distinta da função social do Estado (instrumento especial de repressão da classe dominante voltado à realização da exploração da força de trabalho das classes dominadas). Neste sentido preciso, o Estado é um complexo social distinto da fala. (Lessa, 1999, p. 25)

Complexos sociais distintos sempre caracterizam-se por uma função social específica para a existência humana. Aqui, cabe ressaltarmos que do ponto de vista do estudo das relações sociais, as relações estabelecidas hoje cumprem uma função social construída. Mesmos alguns ritos sociais que têm uma função social específica (casamento, batizado, festa de 15 anos para meninas) foram criados dentro de um contexto específico que tinha, na época, finalidade diferente da que convencionamos hoje, bem como as instituições, como o Estado, por exemplo. Portanto, "as finalidades são, sempre, socialmente construídas" (Lessa, 2016, p. 38). Cabe ao pesquisador compreendê-las em seu devido contexto e processo histórico, avaliar e até mesmo criticar o que possa ser considerado um atraso ao desenvolvimento das relações humanas e do próprio ser humano (como trabalho alienado).

Como já vimos, o trabalho não produz somente um objeto imediato – ele desenvolve potências. Estas geram novas necessidades que, por sua vez, geram novas relações sociais, as quais, consequentemente, geram outras necessidades sociais e assim por diante. De acordo com Lessa (1999, p. 26), o trabalho "produz, no plano objetivo, uma nova situação histórica e, no plano subjetivo, novos conhecimentos e habilidades que vão se tornando cada vez mais socializados com o passar do tempo".

E assim transformamos a realidade, sabendo que a cada momento avançamos mais na complexificação social. No entanto, a exploração de um ser humano por outro ainda é o centro ideológico do sistema capitalista, por exemplo. Portanto, nem toda evolução que aprofunda a complexidade das relações sociais pode ser considerada um avanço do desenvolvimento humano, pois, tuteladas pelo sistema capitalista, certas complexificações servem para a manutenção do sistema, não para o desenvolvimento de nossa espécie.

A capacidade humana de alterar a realidade para melhorar sua existência desenvolve também condições para organização social complexa, como a forma de produção da existência material ou de desenvolvimento do conhecimento científico. Dessa forma, uma sociedade complexa exige indivíduos também complexos, com relações entre si igualmente complexas. Por exemplo: ler, escrever e fazer contas são conhecimentos indispensáveis na atualidade, algo que, em 1930, no Brasil, era privilégio de pouquíssimos. Esse exemplo pode nos ajudar a compreender que em diferentes momentos históricos temos diferentes exigências dos indivíduos e que estas se intensificam à medida que a sociedade se torna mais complexa.

Os estudos feitos até o momento nos dão uma noção de **totalidade social**, que Lessa (1999, p. 27) nos apresenta como "o conjunto de todas as relações sociais que sintetizam uma dada formação social", produto do processo histórico de desenvolvimento humano, da sua produção, das contradições da realidade, da superação das adversidades, da criação de técnicas e tecnologias e das relações sociais.

O conjunto das relações sociais pode ser reproduzido ou apropriado pelo indivíduo, e entender esse processo de desenvolvimento histórico do ser humano resulta na compreensão da formação social de um dado contexto em um dado momento da história.

2.8 Ideologia

Já debatemos sobre ontologia materialista, ser social, prévia-ideação, objetivação, exterioridade, causalidade, *intentio recta*, *intentio obliqua* e reprodução social. São importantes conceitos e processos do desenvolvimento dos seres humanos na natureza e em sociedade. Agora, precisamos refletir um pouco sobre o papel das ideias, da **ideologia**.

Antes de continuarmos no tema, é importante combater a visão de que ideologia é a inversão do real. No campo marxista, isso pode gerar um debate agudo, que para este livro não nos interessa. Vamos adotar aqui um contraponto à visão que torna a ideologia uma cortina de fumaça que abafa as contradições sociais ou falsa consciência:

> Lukács rompe frontalmente com esta concepção. Partindo do famoso *Prefácio de 1857*, de Marx, argumenta que a ideologia é uma

> função social. A ontologia do ser social, a sua processualidade imanente, as diferentes funções que as ideias exercem nessa processualidade seriam o campo resolutivo da distinção ciência/ideologia. Postula que uma conquista da ciência, que nada tenha em si de ideológica, pode, dadas condições, se converter ou não, em seguida, em ideologia da mesma forma que uma dada ideologia pode se revelar base de apoio fundamental para o desenvolvimento posterior da ciência. [...]. Analogamente, com o desenvolvimento do trabalho e da divisão do trabalho, ganha em importância um novo tipo de posição teleológica. Essa nova forma de posição teleológica, ao invés de buscar a transformação do real, tem por objetivo influenciar na escolha das alternativas e ser adotadas pelos outros indivíduos, visa a convencer os indivíduos a agir em um dado sentido, e não em outro. Lukács denomina posições teleológicas primárias aquelas voltadas à transformação da natureza, no processo de troca orgânica entre os homens e o ser natural. O segundo tipo de posição teleológica, aquela voltada à persuasão de outros indivíduos para que ajam de uma determinada maneira, é denominada posição teleológica secundária. (Lessa, 2016, p. 52-53)

Então, temos como posições teleológicas[2] primárias as relacionadas à transformação da natureza, e como posições teleológicas secundárias aquelas relacionadas ao plano das ideias que conduzem os indivíduos a um tipo de ação determinada. Cabe aqui uma ressalva de que esses processos estão intimamente ligados à complexificação das relações sociais, em especial as relações de poder entre seres humanos.

Segundo Lessa, existe uma diferença qualitativa entre as posições teóricas primárias e secundárias. Ela reside nas consequências de cada uma dessas posições quando executadas. Lembremos que as posições teleológicas primárias atuam sobre as relações dos seres humanos com a natureza, dessa forma, a consequência natural da posição primária é a ativação de uma rede de cadeias causais, gerando um "leque de alternativas aos desdobramentos do processo" (Lessa, 2016, p. 54).

----

2 "Teleologia (*téléologie*): O estudo das finalidades (*télos*, em grego, significa 'fim')" (Comte-Sponville, 2003, p. 583).

Para o autor, as posições primárias tendem a ter um leque de desdobramentos menor do que as posições secundárias, pois, em se tratando de ideias que nem sempre se materializam em ações e produtos, as alternativas e variações tendem a ser substancialmente maiores do que na primeira, em que há materialização e a causalidade está ligada a essa materialização.

Lessa, ao debater as ideias de Lukács, define:

> A ideologia é uma força específica de resposta as demandas e aos dilemas colocados pelo desenvolvimento da sociabilidade. A complexificação das relações sociais, com a correspondente necessidade de complexificação das posições teleológicas operadas pelos indivíduos, tem duas consequências que são significativas para o estudo da ideologia. Em primeiro lugar, dão origem a complexos sociais específicos que tem a função de regular a práxis social de modo a tornar possível ("operativa") a reprodução da sociedade. Pensemos, como exemplo, no direito. A complexificação social e o surgimento das classes terminam por dar origem a um complexo social particular com uma função específica: regular juridicamente os conflitos sociais tornados antagônicos. A partir de um determinado estágio de desenvolvimento social, a reprodução social é impossível sem a regulamentação da práxis coletiva pelo direito. Na imediaticidade da vida cotidiana, contudo, essa relação entre fundado e fundante aparece invertida. Não é mais o desenvolvimento social que funda o direito, mas é o estabelecimento de um ordenamento jurídico que fundaria a sociedade. As leis jurídicas determinariam, segundo esta concepção típica dos juristas e do senso comum cotidiano, o ser dos homens – e não o contrário. A potencialidade dessa inversão entre fundado e fundante para a justificação do status quo é facilmente perceptível. Sendo breve, se o homem é aquilo que a lei determina, a lei é sempre justa. E se a lei afirma o direito à propriedade privada, se a lei garante o "direito" do capital explorar o trabalho, não há injustiça na exploração do homem pelo homem. Por essa via, o complexo do direito, por milhares de anos, tem fornecido elementos importantes à constituição de uma visão de mundo que, nas sociedades de classe, tem auxiliado em tornar "operativa" a práxis cotidiana dos indivíduos. E, nessa exata medida, o direito é uma forma específica de ideologia. A segunda consequência advinda do desenvolvimento da sociabilidade é a crescente necessidade de respostas genéricas que permitam ao indivíduo não apenas compreender o mundo em que vive, mas também justificar a sua práxis cotidiana, torná-la

> aceitável, natural, desejável. Essa função de fornecer tais respostas genéricas, repetimos, cabe à ideologia. (Lessa, 2016, p. 55-56)

Então, a ideologia tem uma função social específica, de acordo com as demandas sociais e o grau de desenvolvimento da sociabilidade. Dessa forma, a ideologia também cumpre um papel de regulação da práxis social, do que Lessa (2016) chama de *operativa* para a reprodução social. A regulação dessa reprodução leva a criação de um instituto legal de (disfarçada) "mediação" entre interesses antagônicos. O regramento jurídico torna-se uma questão de organização e desenvolvimento societário, pois regula a forma de entender o processo e as relações entre indivíduos e como isso deve acontecer.

No entanto, quando se inverte a lógica do desenvolvimento humano e se submete os indivíduos às leis que estão, supostamente, "acima deles", mantém-se a ideia de não mudança, de não alteração, ou seja, de não desenvolvimento humano, da manutenção do *status quo*. Mas a ideologia também evolui, pois é produto do complexo social, e conforme esse organismo se desenvolve, seus produtos também seguem a mesma regra.

a ideologia tem uma função social específica, de acordo com as demandas sociais e o grau de desenvolvimento da sociabilidade.

Quando no desenvolvimento da humanidade surge a **luta de classes**, a ideologia passa a atender também os interesses de classe, reafirmando que ela tem, assim, uma função social, mas, conforme Lessa (2016, p. 57), "o que faz de uma ideação uma ideologia é sua capacidade em conferir sentido às necessidades colocadas pela sociabilização", ou seja, não há possibilidade de que a ideologia não tenha conexão com as necessidades reais, ela não pode ser etérea.

Não temos intenção de julgar o mérito dessa ou daquela ideologia, de fazer desse debate uma polarização entre bem e mal ou algo parecido. A questão central, no nosso entendimento, é compreender que há um processo de desenvolvimento humano, e as relações humanas estão cada vez mais complexas, o que torna o produto desses complexos sociais também mais elaborados.

A compreensão desses processos nos levará a questionamentos sobre o papel dos sistemas e sobre a relação atual de exploração de um ser humano por outro, e cabe, com base em uma compreensão do que é "real" e de todos os processos que estudamos, verificar como intervir na realidade objetiva.

Lembremos que, na sociedade, em particular nos momentos de disputa de poder, há um constante conflito de ideias e de projeto de sociedade. O conhecimento profundo da realidade e de seu desenvolvimento fará com que possamos intervir com mais precisão e eficiência nessa realidade.

Síntese

Iniciamos este capítulo com o conceito de *ontologia materialista*, recordando a centralidade do trabalho no desenvolvimento dos seres humanos e que essa questão é vital para que se coloque o ser humano como sujeito da história e, por consequência, para entendermos o processo de socialização e a importância das relações sociais. Avançamos para a compreensão de ser social e de vida coletiva, chegando à conclusão de que o ser social é produto do trabalho e da vida em sociedade.

Além disso, apresentamos os conceitos de *prévia-ideação*, de *objetivação* e de *exteriorização* dentro das relações humanas em sociedade. Os conceitos de *intentio recta* e *intentio obliqua* também foram abordados, e o conjunto desses conceitos nos dá mostra de que a ação humana produz uma resposta a uma necessidade concreta que precisa ser realizada. Em meio a esse processo, temos a adaptação do ideal para o real, que cria também novas necessidades reais e, por consequência, novas ferramentas e novas relações, e assim progressivamente. Por fim, apresentamos o conceito de *ideologia*.

Questões para revisão

1. Na filosofia clássica, segundo consta no capítulo, como podemos entender o conceito de ontologia?

a) Como o estudo da sociedade como tal, refletindo de maneira muito idealizada sobre os seres humanos agrupados em cidades e pouco refletida a respeito das ações da vida concreta desses indivíduos.

b) Como o estudo do ser como sociedade, refletindo de forma muito concreta sobre os seres humanos em sociedade e muito refletida sobre as ações da vida concreta desses indivíduos.

c) Como o estudo do coletivo como ser, refletindo de forma muito concreta sobre as sociedades civilizadas e pouco refletida sobre as ações da vida concreta desses indivíduos.

d) Como o estudo do ser como ser, refletindo ainda de forma muito idealizada sobre os seres humanos e pouco refletida sobre as ações da vida concreta desses indivíduos.

e) Como o estudo da alma do ser humano, refletindo de forma muito concreta sobre o espírito humano e muito refletida sobre as ações da vida espiritual desses indivíduos.

2. Neste capítulo definimos, com base na interpretação de Lessa (2016), *intentio obliqua* como:

a) uma conciliação que interpreta a realidade como uma forma de mediação de interesses diferentes, submetendo os seres humanos a uma visão conciliatória da realidade, servindo como lógica interpretativa de diversas ontologias.

b) uma teoria filosófica que interpreta a realidade, ampliando a capacidade dos seres humanos de identificar questões concretas e abstratas dentro de dada realidade social, servindo como lógica interpretativa de diversas ontologias.

c) uma pulsão que interpreta a realidade da forma como ela é, favorecendo os seres humanos na sua análise da realidade, humanizando-os e levando-os a condições espirituais diversas, servindo como lógica interpretativa de ontologias pós-modernas.

d) uma metodologia científica que interpreta a realidade justamente de outra maneira, submetendo os seres humanos a uma condição ampliada de exploração e desumanização, servindo como lógica interpretativa de ontologias fictícias.

e) uma pulsão que interpreta a realidade justamente de outra maneira, submetendo os seres humanos a uma condição ampliada de exploração e desumanização, servindo como lógica interpretativa de ontologias fictícias.

3. De acordo com Lessa, o que é totalidade social?

a) Conjunto de todas as relações sociais que sintetizam uma dada formação social. Ela é sempre expressão do desenvolvimento histórico passado, da realização de algumas das potencialidades e possibilidades do passado no presente e, também, campo de possibilidades e desafios para o desenvolvimento futuro.

b) Conjunto da realidade imediata que sintetiza o atual, sem relação histórica e vinculada a um grupo etário específico; é uma construção do agora que se dá pela união das deliberações daqueles que estão no poder naquele momento; não permite possibilidades futuras, pois sua condição é estar estagnada.

c) Realidade dos movimentos sociais que representa somente um momento específico da realidade e do grupo que se está estudando; não tem conexão com a classe dominante, e é a expressão da união dos movimentos sociais de dado local; fundamenta-se na perspectiva de análise futura, pois a realidade se repete como tragédia e logo após como farsa.

d) Mesmo que conte com o termo *totalidade*, é somente uma parte da realidade de um todo metafísico, expresso em um local específico e determinado pela identidade grupal e em problemas econômico-sociais específicos, sem uma conexão macro com a sociedade, sob pena de se transformar em outro conceito, conectado ao histórico social das relações de dada na comunidade.

e) Conjunto de uma parte das relações sociais que definem dada formação social. Ela é sempre expressão do desenvolvimento religioso passado, da realização de algumas das potencialidades e possibilidades do passado no presente e, também, campo de possibilidade e desafios para o desenvolvimento futuro.

4. Diversos autores versam sobre a definição ou conceito de ser social. Na perspectiva marxista apresentada neste livro, qual é o ponto de partida da análise do conceito e como podemos definir *ser social*?

   a) O homem é um ser social; como tal, está ligado às condições sociais. Portanto, no marxismo, o indivíduo é sempre o ponto de partida. Em outras palavras, o indivíduo é o ser social.

   b) O homem não é um ser social, pois está ligado às condições ambientais e sua condição social é uma opção. Dessa maneira, no marxismo, o indivíduo nunca é o ponto de partida, sendo somente parte do ambiente.

   c) O homem é um ser racional e espiritual-social e, como tal, está ligado às condições abstratas sociais. Por isso, no marxismo, o indivíduo é sempre o ponto de partida e, assim, é o ser social.

   d) O homem é um ser profissional e, como tal, está ligado às condições trabalhistas. Dessa maneira, no marxismo, a empresa é sempre o ponto de partida, pois o capitalismo é o ser social.

   e) O homem é um ser natural e, como tal, não está ligado às condições culturais. Portanto, no marxismo, o meio ambiente é sempre o ponto de partida, sendo a natureza o ser social.

5. O conceito de reprodução social é muito importante para o entendimento dos processos, das relações sociais e de seus desdobramentos, de acordo com o contido no capítulo. Como podemos definir o conceito de reprodução social?

   a) *Reprodução social* é o processo pontual de ampliação da produção material e lucro das empresas. As necessidades sociais de produção e reprodução econômica são dirigidas pela classe dominante.

   b) *Reprodução social* é uma condição ambiental e cultural de renovação biológica dos indivíduos. As necessidades sociais de reprodução biológica e aumento da expectativa de vida são dirigidas pela classe dominante.

c) *Reprodução social* é o processo ininterrupto de renovação da produção material e cultural dos indivíduos. As necessidades sociais de produção e reprodução econômica são dirigidas pela classe dominante.

d) *Reprodução social* é o método de estudo da produção material e cultural dos indivíduos em sociedade e ligados por interesses familiares e econômicos. As necessidades sociais de produção e reprodução econômica são dirigidas pela classe dominante.

e) *Reprodução social* é a formulação filosófica que visa compreender a renovação da produção material e cultural dos indivíduos. As necessidades sociais de produção e reprodução econômica são dirigidas pela classe dominante.

Questões para reflexão

1. Pensando no conceito de reprodução social e na atuação dos assistentes sociais, é possível entender que nosso processo brasileiro de desenvolvimento social no âmbito capitalista foi inclusivo ou excludente? Justifique sua resposta.

2. Como vimos neste capítulo, a ontologia materialista é a análise do "ser como ser" através da materialidade do indivíduo. Qual é a importância do estudo da ontologia para o serviço social? Justifique utilizando o conceito apresentado neste capítulo.

Para saber mais

SILVA, F. R. da. Uma breve aproximação: a ontologia do ser social e o trabalho enquanto categoria fundante. SEMINÁRIO NACIONAL ESTADO E POLÍTICAS SOCIAIS, 6.; SEMINÁRIO DE DIREITOS HUMANOS, 2., 2014, Toledo. **Anais**... Unioeste. Disponível em <http://cac-php.unioeste.br/eventos/Anais/servico-social/anais/TC_BREVE_APROX_ONTOL_SER_SOCIAL_E_TRAB_ENQ_CATEG_FUNDANTE.pdf>. Acesso em: 25 mar. 2019.

Nesse artigo, a autora trabalha a categoria trabalho de acordo com Karl Marx e George Lukács, tendo como foco a forma como o homem se relaciona com a natureza e a transforma, enfatizando a importância dos assistentes dominarem tal categoria para entender o projeto ético-político e teórico-metodológico do serviço social.

BRAGHINI, N. C.; DONIZETI, T. C. de O.; VERONEZE, R. T. As bases sócio-históricas da ontologia do ser social: o trabalho. SIMPÓSIO MINEIRO DE ASSISTENTES SOCIAIS, 2., 2013, Belo Horizonte. **Anais**... Disponível em: <http://www.cress-mg.org.br/arquivos/simposio/AS%20BASES%20S%C3%93CIO-HIST%C3%93RICA%20DA%20ONTOLOGIA%20DO%20SER%20SOCIAL.pdf>. Acesso em: 23 mar. 2019.

As autoras conseguem, nesse artigo, realizar uma síntese do conjunto das teses de diversos autores sobre a ontologia do ser social e a importância do trabalho no desenvolvimento da sociedade. O conjunto de autores introduzidos no artigo é um diferencial.

CAPÍTULO 3

Trabalho na sociedade capitalista

Conteúdos do capítulo:

- Gerência científica.
- Fordismo.
- Acumulação flexível, toyotismo e volvismo.
- Centralidade do trabalho.

Após o estudo deste capítulo, você será capaz de:

1. compreender como funcionam os principais sistemas de produção industrial;
2. associar os sistemas de produção industrial com o desenvolvimento das sociedades capitalistas;
3. compreender a centralidade do trabalho para entendimento da sociedade.

Trabalho e sociabilidade

Nos capítulos anteriores, apresentamos o conceito de trabalho e sua importância no desenvolvimento humano ao longo da história. Chegamos agora na atualidade, e apresentaremos um conjunto teórico que avalia o trabalho dentro da sociedade capitalista e suas implicações para as relações sociais.

3.1 Sociedade de produção de mercadorias e suas técnicas

Na história do trabalho, o desenvolvimento da tecnologia é uma questão central para o entendimento das relações sociais e da luta de classes.

Se compreendermos que a Revolução Industrial alterou profundamente as relações sociais e a configuração das grandes cidades e trouxe um novo entendimento sobre o trabalho alienado e a exploração do trabalhador, é possível aprofundarmos os estudos de quais métodos de produção constituíram – e ainda constituem – nossa sociedade de produção de mercadorias, e como isso afeta diretamente a vida dos trabalhadores. Com a industrialização, a sociedade antes dividida entre campo e cidade passou a ser fundamentalmente urbana, o humanismo perdeu espaço para o racionalismo, e o modo de produção passou cada vez mais a moldar as relações sociais.

Os **métodos de produção industrial** (modelo de produção ou sistema gerencial) que vamos apresentar na sequência podem ser definidos como técnicas desenvolvidas após a Revolução Industrial que visam a uma maior produtividade com menor desperdício e maior lucratividade para os detentores dos meios de produção. O aumento da produtividade e do lucro são questões estruturantes nessa análise e, por consequência, teremos a exploração dos trabalhadores como atividade potencializada por esses métodos.

> **Fique atento!**
>
> Abordaremos métodos, modelos e sistemas pensando na pro-
> dução de mercadorias como um todo, de sua operação direta a
> formas de gerenciamento empresarial, sabendo que as formas
> de produção direta (trabalhadores e máquinas) afetam direta-
> mente o gerenciamento e vice-versa.

Vários pensadores contribuíram com o desenvolvimento de estudos,
pesquisas e técnicas de aumento de produtividade. Algumas
técnicas necessitam ser citadas (sem desconsiderar o conjunto
de obras produzidas anteriormente, que podem ter possibilita-
do o desenvolvimento de tais técnicas) como fundamentais para
o entendimento do sistema capitalista e seu modo de produção.
É importante também contextualizarmos este capítulo dentro de
uma revolução técnico-científica, em que se inicia um processo
de utilização massiva de máquinas para a produção e de novas
técnicas científicas de organização da produção, que acaba por
envolver todos os processos dentro e fora das indústrias.
Esse novo momento tem início no final do século XIX e perpassa
todo o século XX, em especial nos países de maior desenvolvimento industrial. No caso do Brasil, apenas a título de informação, esse processo demorou para ocorrer em virtude da nossa
industrialização atrasada.

3.2 Primeiros aspectos de uma gerência científica

Harry Braverman (2015), autor do clássico *Trabalho e capital monopolista: a degradação do trabalho no Século XX*, explicita o
desenvolvimento do trabalho no sistema capitalista a partir da
Revolução Industrial, citando o engenheiro norte-americano

Frederick W. Taylor (1856-1915) como um sintetizador e apresentador de ideias já desenvolvidas por outros autores. Com Taylor, esses pensamentos se transformaram em técnicas coerentes que tomaram impulso centralmente nos Estados Unidos e na Inglaterra, mas sua obra também atingiu a maioria dos países industrializados. Para Braverman (2015, p. 85-86), o que Taylor buscava era "uma resposta ao problema específico de como controlar melhor o trabalho alienado – isto é, a força de trabalho comprada e vendida".

O principal conceito que precisamos entender neste momento é o de *controle*. Sendo assim:

> O controle foi o aspecto essencial de gerência através da sua história, mas com Taylor ele adquiriu dimensões sem precedentes. Os estágios de controle gerencial sobre o trabalho antes de Taylor incluíram, progressivamente: a reunião de trabalhadores numa oficina e a fixação da jornada de trabalho; a supervisão dos trabalhadores para garantia de aplicação diligente, intensa e ininterrupta; execução das normas contra as distrações (conversas, fumo, abandono do local de trabalho etc.) que se supunha interferir na aplicação, a fixação de mínimos de produção etc. Um trabalhador está sob controle gerencial quando sujeito a essas normas ou qualquer de suas extensões e variações. Mas Taylor elevou o conceito de controle a um plano inteiramente novo quando asseverou como *uma necessidade absoluta para a gerência adequada a imposição ao trabalhador da maneira rigorosa pela qual o trabalho deve ser executado*. (Braverman, 2015, p. 86, grifo do original)

Hierarquia, sistematização e organização eram os princípios de Taylor, que defendeu um sistema justificado pela necessidade de uma produção eficiente e sem desperdícios. Essa foi a forma lógica adotada para justificar desenvolvimento de mecanismos de controle do trabalho.

A lógica adotada por Taylor e seu comportamento obsessivo são exemplificados por Braverman (2015, p. 87): "desde a mocidade ele contava seus passos, media o tempo de suas várias atividades e analisava seus movimentos à procura de 'eficiência'"; isso ajuda a entender por que os procedimentos adotados por ele visavam criar um sistema de controle do trabalho por meio da produção calculada, em que cada movimento do trabalhador fosse minuciosamente calculado com o objetivo de atingir metas de produção e evitar qualquer tipo de dispersão ou "vadiagem" por parte dos trabalhadores. Antes de Taylor, é possível verificar certa gerência comum dos processos produtivos, mas com as contribuições do engenheiro estadunidense, deu-se o desenvolvimento de uma **gerência científica**, que, por meio da análise minuciosa de cada processo, poderia criar um sistema organizado em que a gerência conheceria todas as etapas do processo e os tempos de execução.

A visão pragmática e institucionalizada do capitalismo tende a justificar esse sistema de controle do trabalho como "racional", porém essa racionalidade se presta a garantir o lucro do dono dos meios de produção, que potencializa ainda mais o trabalho alienado, deturpando o sentido potencializador humano do trabalho.

Taylor organizou seu sistema em três princípios básicos, que sinteticamente podem ser explicados da seguinte forma:

> ※ **Primeiro princípio:** "*dissociação do processo de trabalho das especialidades dos trabalhadores*" (Braverman, 2015, p. 103, grifo do original).
>
> Esse primeiro princípio é o direcionamento para que a gerência possa controlar os conhecimentos referentes à produção. Divide-se o trabalho em partes que podem ser estudadas e transformadas em etapas distintas do processo total. Com o estudo das partes, o domínio da técnica fica sob controle da gerência, que sabe como o processo ocorre e as formas de executá-lo com maior eficiência e menor quantidade de tempo.
>
> Dessa forma, o domínio do conhecimento dos processos de trabalho não está sob o controle do trabalhador, que pode até deter o conhecimento, mas sua importância diminui, pois a gerência pode a qualquer momento substitui-lo por outro que se submeta às regras definidas por ela, fragilizando a relação do trabalhador com a empresa.

- **Segundo princípio:** *"separação de concepção e execução"* (Braverman, 2015, p. 104, grifo do original).

> Tanto a fim de assegurar o controle pela gerência como baratear o trabalhador, concepção e execução devem tornar-se esferas separadas do trabalho, e para esse fim o estudo dos processos do trabalho devem reservar-se a gerência e obstado aos trabalhadores, a quem seus resultados são comunicados apenas sob a forma de funções simplificadas, orientadas por instruções simplificadas o que é seu dever seguir sem pensar e sem compreender os raciocínios técnicos ou dados subjacentes. (Braverman, 2015, p. 107)

O segundo princípio quebra a unidade do trabalho. Ao se separar a concepção da execução, o trabalhador perde o conteúdo que o humaniza no trabalho, que o faz entender a totalidade do processo e refletir sobre ele. Com a separação, o processo resume-se a uma execução quase mecânica e repetitiva, que será reproduzida em menor quantidade de tempo e sem muita reflexão sobre o processo.

Aqui temos uma clara expressão da **separação do trabalho entre intelectual e manual**, reduzindo a importância do trabalhador e equiparando-o à condição de quase máquina.

- **Terceiro princípio:** *"é a utilização deste monopólio do conhecimento para controlar cada fase do processo de trabalho e seu modo de execução"* (Braverman, 2015, p. 108, grifo do original).

A sequência lógica desses princípios leva a uma relação de produção em que o trabalhador tem menos importância no processo. Suas relações (trabalhadores e empregadores) estão fragilizadas e o seu conhecimento sequer pode contribuir substancialmente para o desenvolvimento das atividades, pois é a gerência quem domina o conjunto do conhecimento e o emprega da forma que lhe for conveniente.

Com o domínio desse conhecimento, cada fase do processo é controlada e supervisionada com foco na produtividade, o que secundariza a importância do trabalhador e suas características humanas, desumanizando-o ainda mais e potencializando o trabalho alienado, que agora não é somente uma ação involuntária do trabalho capitalista repetitivo, mas sim, uma técnica pensada e articulada de domínio do conhecimento e de rebaixamento da importância do trabalho do indivíduo.

3.3 Consequências e efeitos da gerência científica

A separação do trabalho em intelectual e manual trouxe consequências diretas às relações no trabalho. Quando o trabalhador, detentor do conhecimento total do processo de produção, exercitava suas potências mentais durante todo o processo, criando novas técnicas, avaliando cada etapa do processo e, por consequência, apropriando-se do conjunto e da essência da sua produção, o trabalho desenvolvia sua condição humana, aumentava sua potência e proporcionava seu desenvolvimento.

As atividades de trabalho manual ou artesanal, nas quais não há exploração da mão de obra, podem ser um exemplo de trabalho em que há conhecimento total do processo de produção e que exercita as potências mentais do indivíduo. Em tese, qualquer trabalho pode ser potencializador do humano, desde que não haja exploração do trabalho (que desumaniza o indivíduo) e que o trabalhador tenha conhecimento da totalidade do processo de produção em que está inserido. A retirada desse conhecimento com a fragmentação da produção afasta o trabalhador de um processo potencializador, só restando o trabalho mecânico e repetitivo que aliena e subverte.

Quando existem processos integrados (um mesmo local reunindo o planejamento, a administração e a execução), existe uma possibilidade maior de o trabalhador compreender a totalidade da produção, justamente por estar em contato com o conjunto das partes que formam o todo, de verificar todas as etapas do processo, de dominar o conjunto do conhecimento. A separação desses processos de produção cria ambientes distintos, em que a administração e o planejamento se separam da execução. Aqui cabe ressalvarmos que a separação altera o *status* dessas etapas, sendo a administração e o planejamento considerados "superiores" às atividades de execução, o que inferioriza ainda mais o trabalhador nessa etapa.

O escritório gerencial será empoderado como centro de informações qualificadas, onde se concentram as atividades "intelectuais", quando na verdade o sistema de controle criado priva o trabalhador da totalidade do seu trabalho e do seu desenvolvimento humano, rebaixando-o à condição de quase máquina, isto é, um ser desumanizado.

> **Os defensores da gerência científica no sistema capitalista argumentam que o desenvolvimento dessa função "qualificou" os trabalhadores e trouxe para a indústria uma "inteligência" humana que não estava presente anteriormente.**

Os defensores da gerência científica no sistema capitalista argumentam que o desenvolvimento dessa função "qualificou" os trabalhadores e trouxe para a indústria uma "inteligência" humana que não estava presente anteriormente. No entanto, não há argumentação sobre o abismo criado entre o trabalho intelectual e o manual, que antes, integrados, produziam socialmente efeitos positivos para o desenvolvimento dos trabalhadores, e agora, com essas duas categorias separadas, aumenta a dualidade social entre possuidores e não possuidores dos meios de produção. Assim, o capital está nas mãos de poucos (classe dominante), que acumulam muito, e de outro lado há muitos (trabalhadores) que não possuem quase nada e vendem sua força de trabalho onde for possível.

Para Braverman (2015, p. 121),

> A destruição dos ofícios durante o período de surgimento da gerência científica não passou despercebida aos trabalhadores. Na verdade, via de regra os trabalhadores ficam muito mais cônscios de tal

perda quando ela se dá do que depois que aconteceu e que as novas condições de produção se tornaram generalizadas. O taylorismo desencadeou uma tempestade de oposição entre sindicatos durante os primeiros anos deste século; o que é mais digno de nota sobre esta primeira oposição é que ela se concentrava não nos acessórios do sistema de Taylor, como a cronometragem e estudo do movimento, mas no seu esforço essencial em destituir os trabalhadores do conhecimento do ofício, do controle autônomo, e imposição a eles de um processo de trabalho acerebral no qual sua função é a de parafusos e alavancas.

Se houve em algum período trabalhadores com desejo de progredir nos estudos e na organização em que estavam empregados, devido ao trabalho lhes despertar a necessidade de avançar intelectualmente, algumas análises nos levam a crer que no modo de produção capitalista é comum vermos trabalhadores que têm aversão ao trabalho, pois seus momentos de satisfação pessoal são todos fora do ambiente profissional, daí a expectativa de que chegue logo o final de semana.

Entendendo como o capitalismo absorve novas técnicas visando a uma maior produção de mercadorias, podemos passar a avaliação dos efeitos do fordismo.

3.4 Fordismo

Após a consolidação das ideias de Taylor, Henry Ford (1863-1947) desenvolveu novas técnicas para aumento da produção com linhas de montagem em suas indústrias. Essa conformação já era conhecida na época, porém, foi Ford quem aperfeiçoou o processo. Trata-se de um sistema em que cada trabalhador se posiciona em determinado local da linha e realiza um tipo de tarefa enquanto o automóvel, por exemplo, se movimenta por meio de uma esteira. O que antes era feito de forma manual e artesanal, com longo tempo de execução, passou a ser produzido em larga escala e com recorde de tempo de produção em comparação aos métodos anteriores.

Referenciando-se às ideias de Ford, David Harvey (2008, p. 122) afirma que

> Ford acreditava que o novo tipo de sociedade poderia ser construído simplesmente com a aplicação adequada ao poder corporativo. O propósito do dia de oito horas e cinco dólares só em parte era obrigar o trabalhador a adquirir a disciplina necessária à operação do sistema de linha de montagem de alta produtividade. Era também dar aos trabalhadores renda e tempo de lazer suficientes para que consumissem os produtos produzidos em massa que as corporações estavam por fabricar em quantidades cada vez maiores. Mas isso presumia que os trabalhadores soubessem como gastar seu dinheiro adequadamente. Por isso, em 1916, Ford enviou um exército de assistentes sociais aos lares dos seus trabalhadores "privilegiados" (em larga medida imigrantes) para ter certeza de que o "novo homem" da produção de massa tinha o tipo certo de probidade moral, de vida familiar e de capacidade de consumo prudente (isto é, não alcoólico) e "racional" para corresponder às necessidades e expectativas da corporação. A experiência não durou muito tempo, mas a sua própria existência foi um sinal presciente dos profundos problemas sociais, psicológicos e políticos que o fordismo iria trazer.

Apreende-se da citação demonstrada que o fordismo não queria somente alterar as relações de produção em massa, mas também adaptar todo o contexto para conseguir "produzir" de acordo com suas necessidades. Vinculamos a isso novas formas de controle não só do trabalho dos indivíduos, mas o controle das suas vidas. O controle do trabalho ocorre pelo estabelecimento de metas, produção mínima e outros programas efetivados com a narrativa de padronizar a qualidade dos produtos, mas que também são utilizados para estabelecer uma padronização de produção visando ao lucro e ao não desperdício. Como exemplo do controle da vida dos trabalhadores, podemos citar a utilização do serviço social pelas indústrias automotivas no Brasil após 1945. Muitas atividades desenvolvidas pelos profissionais visavam regular o consumo de álcool e a criação de uma rotina de hábitos saudáveis nos trabalhadores. Mesmo que a narrativa

Trabalho na sociedade capitalista

pareça benéfica em um primeiro momento, em larga escala trata-se de um condicionamento dos trabalhadores, que pretendia criar condições para um melhor aproveitamento da mão de obra, o que elevaria os ganhos das empresas.

Dentro da análise do fordismo, é importante destacarmos alguns pontos para podermos avaliar melhor as consequências desse sistema de produção.

Uma primeira questão a ser observada é que a **produção em massa leva ao consumo em massa**, ou seja, não há possibilidade de produzir um número elevado de mercadorias sem garantir seu consumo. Portanto, a indústria precisa pensar em escala nacional e internacional. O que antes era restrito a uma localidade ou região, agora precisa ampliar suas fronteiras. A consequência lógica é que se torna necessário avançar em setores estratégicos de desenvolvimento (ferrovias, estradas, transporte naval etc.) para a circulação de mercadorias.

Temos que levar em consideração também que o **processo de produção em massa diminui os custos do produto final**, o que acaba tornando sua aquisição mais acessível que no processo artesanal. Por exemplo: suponhamos que no processo artesanal era possível e racional adquirir dez peças para uma determinada tarefa; no processo de produção em massa, seriam 100 mil peças, o que diminuiria o custo unitário da peça.

Outra questão importante a ser considerada é que o **processo de produção em massa introduz uma desqualificação em massa dos trabalhadores**. Antes da fragmentação da produção industrial, os trabalhadores conheciam quase que a totalidade do processo de produção, desde a matéria-prima até produto final, com a introdução da linha de produção, cada indivíduo desempenha apenas um tipo de tarefa, exaustivamente repetida. Essa tarefa simples e repetitiva diminui a necessidade de qualificação do trabalhador e, por consequência, o domínio do indivíduo sobre o conjunto do processo, destituindo-o do conhecimento.

Importante também destacarmos a **centralização da organização do trabalho e das empresas**. Ford inicia seu processo de produção acreditando que tudo deveria ser organizado de forma a fortalecer a produção. Assim, ou seja, seus fornecedores, todas as empresas envolvidas no processo de produção fordista, ou seja, seus fornecedores, deveriam ter um mesmo dono, a fim de garantir as metas do processo de seu início ao fim.

De 1945 a 1970, o fordismo, como novo modelo de produção, atingiu seu ápice, mas é importante ressaltarmos que isso ocorreu em um contexto de hegemonia do poder econômico, financeiro e militar dos Estados Unidos. Segundo Harvey (2008, p. 132), "a expansão internacional do fordismo ocorreu numa conjuntura particular de regulamentação político-econômica mundial e uma configuração geopolítica em que os Estados Unidos dominavam por meio de um sistema bem distinto de alianças militares e relações de poder".

Entretanto, a partir da década de 1970, a rigidez do modelo de produção fordista (antes considerada uma qualidade) passou a ser questionada, fruto das contradições do próprio sistema capitalista e do avanço de novas tecnologias. Era preciso flexibilizar o processo para torná-lo ainda mais produtivo e rentável.

3.5 Acumulação flexível

A rigidez do modelo fordista não acompanhou o desenvolvimento capitalista, em especial as metamorfoses dos processos industriais, que foram impulsionados pelo próprio modelo fordista e por um contexto de bem-estar social fruto do pós-guerra (1945) e de desenvolvimento econômico nos Estados Unidos e Europa. Para Antunes (2015, p. 35-36, grifo do original),

> Atribui-se a Sabel e Piore um pioneirismo na apresentação da tese da "especialização flexível": esta seria de uma processualidade que, tendo especialmente a "Terceira Itália"[1] como experiência concreta, teria possibilitado o advento **de uma nova forma produtiva** que

|||||||||||||||||||||||||||||||

1 Experiência industrial com base regional.

articula, de um lado, um significativo desenvolvimento tecnológico e, de outro, uma desconcentração produtiva baseada em médias e pequenas, "artesanais". Esta simbiose, na medida em que se expande e generaliza, supera o padrão fordista até então dominante. Esse novo paradigma produtivo expressaria também, sempre segundo os autores citados, um modelo produtivo que recusa a produção **em massa**, típico da **grande indústria** fordista, e recupera uma concepção de trabalho que, sendo mais flexível, estaria isenta da alienação do trabalho intrínseca à acumulação de base fordista. Um processo "artesanal", mais desconcentrado e tecnologicamente desenvolvido, produzindo para um mercado mais localizado e regional, que extingue a produção **em série**, comportando experiências bem-sucedidas também em regiões industriais dos EUA, na Alemanha e na França, entre outras áreas inspirado num **neoproudonismo**, seria então responsável pela superação do modelo produtivo que até recentemente dominou o cenário da produção capitalista. O elemento causal da crise capitalista seria encontrado nos **excessos** do fordismo e da produção em massa, prejudiciais ao trabalho, e supressores da sua dimensão criativa.

Contudo, o próprio autor identifica que, mesmo com os excessos do fordismo, não há possibilidade de universalizar o entendimento de especialização flexível vinculada ou paralela a um processo "artesanal".

Importante destacarmos a questão da "centralização" do fordismo. Essa forma centralizada de produção, com o passar do tempo e com sua expansão, acaba não se adequando mais ao desenvolvimento do próprio capitalismo. Todavia, a crise não foi especificamente do fordismo, mas, sim, do próprio sistema capitalista, que necessita se reinventar em seus momentos de declínio.

A descentralização e os avanços tecnológicos ajudaram a reconfigurar um cenário de possibilidade de desenvolvimento do capitalismo em outro modelo de produção industrial para massificação de mercadorias.

Para Harvey (2008, p. 135-136),

> De modo mais geral, o período de 1965 a 1973 tornou cada vez mais evidente a incapacidade do fordismo e do keynesianismo[2] de conter as contradições inerentes ao capitalismo. Na superfície, essas dificuldades podem ser melhor apreendidas por uma palavra: rigidez. Havia problemas com a rigidez dos investimentos de capital fixo de larga escala e de longo prazo em sistemas de produção em massa que impediam muita flexibilidade de planejamento e presumiam crescimento estável em mercados de consumo invariantes. Havia problemas de rigidez nos mercados, na alocação e nos contratos de trabalho (especialmente no chamado setor "monopolista"). E toda tentativa de superar esses problemas de rigidez encontrava a força aparentemente invencível do poder profundamente entrincheirado da classe trabalhadora – o que explica as ondas de greve e os problemas trabalhistas do período 1968-1972. A rigidez dos compromissos do Estado foi se intensificando à medida que programas de assistência (seguridade social, direitos de pensão etc.) aumentavam sob pressão para manter a legitimidade num momento em que a rigidez na produção restringia expansões da base fiscal para gastos públicos.

A **acumulação flexível** é marcada por se contrapor ao fordismo, em especial à rigidez do modelo de produção citado. Aqui cabe a ressalva de que o fordismo teve diversas alterações em sua forma, sem perder sua essência de produção em massa.

Harvey (2008, p. 140) acredita que a acumulação flexível "se apoia na flexibilidade dos processos de trabalho, dos mercados de trabalho e padrões de consumo" que produz novos setores de produção e financeiros, alterando as bases de sustentação do modelo de produção anterior.

Rigidez e centralização não combinam com um sistema de produção que ganha escala mundial, em especial em relação às condições de trabalho.

---

2   Teoria econômica do começo do século XX baseada nas ideias do economista inglês John Maynard Keynes, que defendia a ação do Estado na economia com o objetivo atingir o pleno emprego.

A acumulação flexível fortalece a descentralização e potencializa outros setores da economia, como o setor de serviços[3], que gera em pouco tempo um volume de empregos para dar conta das necessidades dos setores industriais, direta ou indiretamente, por meio das demandas de consumo dos trabalhadores. Nesse contexto, era preciso diminuir as grandes estruturas que foram herdadas do processo de industrialização e do fordismo. Essa herança não se resumia somente às estruturas centralizadas e com centenas de trabalhadores, mas também aos **direitos conquistados** por eles.

A introdução de novas tecnologias na indústria acaba por gerar o **desemprego estrutural**[4], que aumenta o contingente de mão de obra excedente. Dessa forma, a classe dominante utiliza o desemprego como justificativa para a flexibilização dos direitos dos trabalhadores, impondo regimes e contratos de trabalho mais flexíveis, como contratos de curto prazo, trabalho em tempo parcial, subcontratação, terceirização, entre outros.

As novas tecnologias no setor industrial também causam um efeito de "intelectualização" de determinados setores. Isso corresponde aos trabalhadores que precisam operar diretamente com os novos equipamentos. Esses trabalhadores necessitam de um maior nível de escolaridade e treinamento específico para sua atuação, criando um novo perfil que se diferencia do trabalhador que executa exclusivamente uma tarefa.

> A acumulação flexível é marcada por se contrapor ao fordismo, em especial à rigidez desse modelo de produção.

A acumulação flexível alterou também o papel da mulher na indústria, pois produziu vagas a serem ocupadas por meio período. Com isso, foi possível substituir-se um homem que ocupava uma vaga de período integral, com salário

||||||||||||||||||||||||||

3 O setor de serviços é chamado também *setor terciário*. Corresponde às atividades de comércio de bens e à prestação de serviços.

4 A introdução de novas tecnologias ou de sistemas e processos voltados para a redução de custos, aumento de produção e qualidade acabam por afetar a economia de um país (indústria, comércio e serviços), causando demissões, geralmente, em grande quantidade.

elevado, por diversas mulheres com salários menores. Como havia muitas mulheres dispostas a ocupar essas vagas (exército de reserva), o sistema se encarregou de precarizar ainda mais o trabalho delas, criando uma rotatividade na ocupação das vagas. Essa conduta forçava as mulheres a aceitarem a vaga mesmo que ela oferecesse condições cada vez mais degradantes nos países de capitalismo desenvolvido. Nos países de capital dependente, onde a industrialização ainda era precária ou pouco desenvolvida e o fordismo foi exportado, a condição das mulheres locais era ainda pior.

Para Harvey (2008, p. 146), o "ressurgimento de práticas e trabalho de cunho patriarcal feitos em casa", que são um produto das mudanças no mercado de trabalho dentro da lógica da acumulação flexível, fez com que o capital multinacional se expandisse para implantar seu sistema em outros países "e ali explorar a força de trabalho feminino extremamente vulnerável em condições de remuneração extremamente baixa e segurança do emprego negligenciável".

É notório que o sistema cria novas maneiras de aumentar sua exploração sobre os trabalhadores para garantir sua expansão e seus lucros. Por algum tempo, usou-se como *slogan* o termo *desregulamentação*, que demarcava as alterações político-econômicas necessárias ao capitalismo.

Essas transformações que criticavam a rigidez do fordismo favoreceram a criação de grandes monopólios em setores estratégicos da economia, em especial em serviços financeiros (Harvey, 2008).

Como a acumulação flexível estimulou a qualificação de parte dos trabalhadores para acessar postos em que era necessário certo acúmulo de conhecimento científico, o próprio conhecimento começa e se tornar uma mercadoria, chave para ascensão de empresas especializadas no setor econômico. Garante-se, assim, uma expansão desse setor e a necessária ampliação da concorrência, preconizada pelo sistema capitalista para estimular a competição desenfreada, em especial nas universidades e institutos norte-americanos e europeus.

A imprensa e a propaganda também se tornaram setores estratégicos, pois, de acordo com Harvey (2008, p. 152), "o controle do fluxo de informações e dos veículos de propagação do gosto e da cultura populares também se converteu em arma vital na batalha competitiva", que auxiliou na consolidação do discurso hegemônico da classe dominante, traduzindo para a sociedade os valores que podem sustentar e ajudar a mascarar o processo de exploração dos trabalhadores.

Outra questão vital para o entendimento desse processo de implantação de uma nova forma produtiva é a articulação entre os interesses privados e o domínio do Estado como poder político. As transformações e as crises criaram um cenário em que a mediação do Estado não se efetivou para garantir os interesses do conjunto da população, pelo contrário. O Estado dominado pela classe dominante serviu como intermediador dos interesses desta. A política do **Estado de bem-estar social** foi gradualmente perdendo força, dando início a um ataque direto aos direitos da classe trabalhadora, ao salário real e à organização sindical.

3.6 Toyotismo

O sistema de produção da empresa Toyota nasceu de um estudo feito com base na observação do funcionamento do fordismo e de uma reflexão sobre a implementação desse modelo no Japão. Esse novo modelo foi denominado *toyotismo*.

Como o fordismo da década de 1950 estava estruturado para uma produção de massa e centralização, logo se notou que aquele modelo não estava em sintonia com a realidade e o contexto japonês. Assim, criou-se um sistema que respeitasse completamente o contexto social do Japão, adaptado à realidade do capitalismo oriental.

Thomaz Wood Jr., em um artigo intitulado "Fordismo, Toyotismo e Volvismo: os caminhos da indústria em busca do tempo perdido", identifica uma importante questão na criação do toyotismo:

> Trabalhando na reformulação da linha de produção e premidos pelas limitações ambientais, Toyoda e Ohnno[5] desenvolveram uma série de inovações técnicas que possibilitaram uma dramática redução no tempo necessário para alteração dos equipamentos de moldagem. Assim, modificações nas características dos produtos tornaram-se mais simples e rápidas. Isso levou a uma inesperada descoberta: tornou-se mais barato fabricar pequenos lotes de peças estampadas, diferentes entre si, que enormes lotes homogêneos. As consequências foram a redução dos custos de inventário e, mais importante, a possibilidade quase instantânea de observação dos problemas de qualidade, que podiam ser rapidamente eliminados. (Wood Jr., 1992, p. 13)

Contudo, era necessário que os trabalhadores estivessem qualificados e motivados para operacionalização da produção. O pós-guerra auxiliou na alteração da direção da empresa, que desenvolveu um plano de estímulo aos trabalhadores, que instituía **emprego vitalício** e **participação nos lucros**.

Como modelo de gestão e inovação, foi implantado o *just in time*, que consiste na eliminação de desperdícios e no aprimoramento do processo de produção para aumentar a competitividade da empresa, em especial no que tange à qualidade e à diminuição de preços dos produtos.

Uma adaptação significativa trazida pelo toyotismo é que a produção varia de acordo com a demanda. Mesmo entendendo que, em um primeiro momento, o capitalismo se desenvolveu pela produção em grande escala, as variações entre momentos de desenvolvimento e de crise do capitalismo exigiam que as decisões fossem tomadas muito rapidamente, constituindo-se em um diferencial nos momentos de crise e garantindo o atendimento as demandas do mercado e suas variações diante dos momentos de oscilações do mercado. Muitos autores defensores do sistema toyotista de produção argumentam que quando a produção varia de acordo com a demanda as empresas estão investindo em qualidade e eficiência, e não em quantidade.

---

5 Eiji Toyoda e Taiichi Ohno passaram três meses visitando e observando as instalações da Ford em Detroit em 1950.

3.7 Volvismo

O sistema desenvolvido e executado pela Volvo é chamado de *volvismo* ou *sistema reflexivo de produção*. O volvismo é caracterizado pela utilização sem precedentes de informatização e automação. Uma característica importante desse sistema é a exigência de alta qualificação dos trabalhadores, que também participam constantemente de todas as fases do processo.

Aqui cabe uma observação: no conjunto dos livros e pesquisas que tratam do volvismo, nota-se uma ênfase na questão do fortalecimento sindical. Cabe destacarmos que não é o sistema que produz isso, mas, sim, a característica dos trabalhadores e sua qualificação. É preciso compreender que o volvismo tem característica quase experimental, pois não é aplicado em escala. Dessa forma, não cabe comparação no quesito organização sindical com outros sistemas que se desenvolveram massivamente em diversos continentes. No capitalismo, segundo a perspectiva do marxismo, o trabalhador sempre será explorado, pois a manutenção do sistema se baseia, em parte, na obtenção da mais-valia[6] e na centralização de lucros nas mãos da classe dominante.

O volvismo adota do toyotismo a produção terceirizada a partir de demandas do mercado, ou seja, nem tudo é produzido diretamente e não há produção excessiva, portanto só é produzido o que é necessário para atender às demandas.

O volvismo adota a substituição da linha de montagem tradicional por módulos de montagem paralelos, com equipes de seis a oito trabalhadores para a montagem de um veículo completo, por

---

6 "A extração da mais-valia é a forma específica que assume a exploração sob o capitalismo, a *differentia specifica* do modo de produção capitalista, em que o excedente toma a forma de lucro e a exploração resulta do fato da classe trabalhadora produzir um produto líquido que pode ser vendido por mais do que ela recebe como salário (Bottomore, 2012, p. 227, grifo do original).

exemplo, e dá autonomia para as equipes distribuírem as tarefas e decidirem o ritmo de trabalho.

É importante lembrarmos que a Volvo é uma empresa sueca fundada em 1927 e que em 1989 adotou o modelo de produção que levaria o nome de *volvismo*. Uma breve contextualização é necessária para entendermos que, entre 1960 e 1980, o crescimento econômico do país de origem dessa empresa criou um ambiente em que há possibilidade de desenvolvimento de um processo industrial dialogado com os trabalhadores. Um importante dado econômico que auxiliou o processo de desenvolvimento do modelo de produção do volvismo foi o protecionismo econômico praticado pelo governo sueco até 1990. No entanto, é importante também destacarmos que a falta de protecionismo do governo daquele país após esse período deixou a empresa vulnerável à concorrência de produtos mais baratos de outros países, em especial aos produtos asiáticos.

3.8 Reflexões sobre a crise da sociedade do trabalho

Ricardo Antunes, em seu livro *Adeus ao trabalho?* (2015), especialmente no Capítulo IV, intitulado "Qual crise da sociedade do trabalho", apresenta algumas teses sobre a contradição do debate sobre a não centralidade do trabalho nas sociedades humanas contemporâneas. O mais importante não é destacarmos o conjunto literal das teses, mas, sim, sua essência e a contribuição do autor para o debate.

Para darmos início à abordagem sobre a centralidade do trabalho, é necessário contextualizarmos esse debate. Há, dentro do círculo intelectual e acadêmico, uma controvérsia sobre se o trabalho é ou não central nos debates das ciências humanas;

assim, questiona-se se o trabalho é ou não elemento estruturador de toda organização social.

Concordamos com Antunes (2015) que o trabalho é, sim, elemento estruturador de toda organização social, porém dentro do sistema capitalista existe uma diferenciação entre trabalho concreto e abstrato[7].

Antunes (2015, p. 96, grifo do original), em sua leitura de Marx, acredita que o trabalho tem seu caráter útil na relação entre os seres humanos e a natureza para a produção de coisas "socialmente úteis e necessárias", e esse caráter é considerado útil, pois é, segundo o autor, "o momento em que se efetiva o **trabalho concreto**, o trabalho em sua dimensão qualitativa". Um segundo caráter do trabalho, em contraponto ao primeiro, emerge um **trabalho abstrato**, alienante e desumanizador.

Dessa forma, quando se debate a crise da sociedade do trabalho, é preciso identificar a que dimensão do trabalho se refere. No caso atual, é a crise da sociedade do **trabalho abstrato**, como Antunes (2015, p. 97, grifo do original) também define: "a crise do trabalho abstrato somente poderá ser entendida, em termos marxianos, como a redução do trabalho vivo e a ampliação do trabalho morto". Ou seja, estamos falando do trabalho que aliena, "trabalho **estranhado**, **fetichizado** e, portanto, **desrealizador** e **desefetivador** da atividade humana autônoma" (2015, p. 98, grifo do original). De outro lado, temos o **trabalho concreto**, possibilidade de realização humana e condição para alcançar a omnilateralidade[8].

A síntese desse debate é que o trabalho é um fenômeno que tem dupla dimensão e que **vivemos em uma sociedade na qual prepondera o trabalho abstrato**.

||||||||||||||||||||||||||||

7   "Como uma mercadoria encerra ao mesmo tempo um valor de uso e um valor, o trabalho que a produz tem duplo caráter. Em primeiro lugar, qualquer ato de trabalho é uma 'atividade produtiva de um determinado tipo, que visa a um objetivo determinado' (O Capital, I, cap.I); assim considerado, é 'trabalho útil' ou 'trabalho concreto', cujo produto é um valor de uso" (Bottomore, 2012, p. 383).

8   Oposição à formação unilateral produzida pelo trabalho alienado.

Para combatermos a ação nociva do trabalho abstrato na sociedade, é preciso entendermos o papel central do trabalho no desenvolvimento da humanidade e avançarmos para uma sociedade que se construa e se desenvolva com valores que vão além da exploração de um ser humano por outro. Os princípios constitutivos do capital são destrutivos para a existência humana, e é preciso inverter essa lógica perversa.

O trabalho concreto é a protoforma da atividade humana emancipada, é o momento primeiro de efetivação de uma individualidade omnilateral, condição sem a qual não se realiza a dimensão do gênero-para-si (Antunes, 2015).

Dessa forma, é necessário lutar pelas necessidades do cotidiano dos trabalhadores, como a redução da jornada de trabalho e o aumento do tempo livre para sua emancipação.

Vamos chamar o trabalho concreto e útil para a humanidade de **trabalho social**, que se torna uma atividade vital, elemento fundante, protoforma de atividade humana. Logo, não podemos pensar o futuro da humanidade sem o trabalho social, que potencializa a ação humana e nos coloca em movimento para a compreensão das nossas necessidades básicas e, em especial, do que é essencial e do que é supérfluo para a existência.

E aqui podemos retomar um conceito substancial para a compreensão da realidade, que é a luta de classes, sem a qual não podemos entender os conflitos entre classe dominante e trabalhadores. A classe dominante produz uma narrativa de que "todos são iguais perante a lei", no intuito de mascarar os verdadeiros conflitos de interesses sociais que existem entre explorados e exploradores. A negação da luta de classes serve aos interesses da classe dominante, que proclamará no campo das ideias discursos universalizantes que não têm compromisso algum de serem realizados, mas servirão de conteúdo para alienação do trabalhador. O mesmo ocorre com a consciência de classe: se o trabalhador não se reconhece como sujeito, não compreende seu processo de exploração e suas relações sociais. Acaba por limitar-se no alcance de uma consciência de si mesmo e, por consequência, de libertação da sua condição de oprimido.

Síntese

Neste capítulo destacamos algumas teorias que visam desvendar o processo de trabalho dentro do capitalismo, em especial a historicidade desse processo e sua função social. Os métodos de produção apresentados, em especial a gerência científica, nos levam a compreender a evolução dos processos de trabalho industrial no planeta e suas relações com o desenvolvimento dos países e a exploração dos trabalhadores.

O fordismo, a acumulação flexível, o toyotismo e o volvismo se desenvolveram em contextos próprios e a partir de necessidades reais do sistema em que estavam inseridos. Com base nessas questões gerais, é possível aprofundar o debate específico da profissão do assistente social conforme veremos nos próximos capítulos.

Questões para revisão

1. Com o desenvolvimento da acumulação flexível como técnica para alteração da produção, muitos aspectos na forma de produção foram alterados (alguns eliminados, outros simplificados e outros potencializados), dos quais o controle da produção é um exemplo. De acordo com as colocações de Braverman (2015) estudadas neste capítulo, o controle da produção foi aspecto essencial na gerência da produção?

    a) Não. O aspecto essencial na gerência foi a produção. A produção em massa leva ao consumo em massa, sendo assim, não há possibilidade de produzir um número elevado de mercadorias sem garantir que elas serão consumidas. A indústria precisa agora pensar em escala nacional e internacional.

    b) Sim. O controle foi o aspecto essencial de gerência no decorrer de sua história, mas com Taylor esse fator adquiriu dimensões sem precedentes. Taylor elevou o conceito de controle a um plano inteiramente novo quando asseverou como uma necessidade absoluta para a gerência adequada a imposição ao trabalhador da maneira rigorosa pela qual o trabalho deve ser executado.

c) Sim, mas o controle é feito pelos trabalhadores. Como a acumulação flexível estimulou a qualificação de parte dos trabalhadores para acessar postos em que era necessário certo acúmulo de conhecimento científico, o próprio conhecimento começa a se tornar uma mercadoria, além de ser a chave para a ascensão de empresas especializadas nesse setor.

d) Não. É a centralização da organização do trabalho e das empresas. Ford inicia seu processo acreditando que tudo deveria ser organizado de forma a contribuir para a produção dessa forma, as empresas envolvidas deveriam todas ter um mesmo dono, a fim de garantir as metas do processo de seu início ao fim.

e) Não. O controle da produção é algo secundário para Braverman, já que, para o autor, a organização dos trabalhadores é um fator mais importante, pois sem esse arranjo não há como haver controle da produção.

2. Neste capítulo apresentamos três princípios adotados por Taylor em seu sistema. São eles:

a) Primeiro princípio: dissociação do processo de trabalho das especialidades dos trabalhadores; segundo princípio: separação de concepção e execução; terceiro princípio: utilização do monopólio do conhecimento para controlar cada fase do processo de trabalho e seu modo de execução.

b) Primeiro princípio: associação do processo de trabalho das especialidades dos trabalhadores; segundo princípio: união de concepção e execução; terceiro princípio: utilização do monopólio do conhecimento para controlar cada fase do processo de trabalho e seu modo de execução.

c) Primeiro princípio: associação do processo de trabalho das especialidades dos trabalhadores; segundo princípio: união de concepção e execução; terceiro princípio: socialização do conhecimento laboral com os trabalhadores visando à expansão da tecnologia.

d) Primeiro princípio: terceirização da atividade-fim; segundo princípio: união de concepção e execução; terceiro princípio: utilização do monopólio do conhecimento para controlar cada fase do processo de trabalho e seu modo de execução.

e) Primeiro princípio: retenção da produção e investimento no setor financeiro; segundo princípio: especialização externa da força de trabalho, incentivo à apreensão de conhecimentos externos (outros países) para a produção; terceiro princípio: desvinculação da concepção e execução laboral.

3. A acumulação flexível se constitui:

a) na rigidez dos processos de trabalho, dos mercados de trabalho e padrões de consumo, que produz novos setores de produção e financeiros, alterando as bases de sustentação do modelo de produção anterior.

b) na rigidez dos processos de planejamento, dos mercados de trabalho e padrões de consumo, que produz novos setores de produção e financeiros, alterando as bases de sustentação do modelo de produção anterior.

c) na flexibilidade dos processos de planejamento, dos mercados de trabalho e padrões de consumo, que produz novos setores de produção e financeiros, alterando as bases de sustentação do modelo de produção anterior.

d) na flexibilidade dos processos de trabalho, dos mercados de trabalho e padrões de consumo, que produz novos setores de produção e financeiros, alterando as bases de sustentação do modelo de produção anterior.

e) na flexibilidade dos direitos dos trabalhadores, da previdência e de novos padrões de consumo que consigam conectar as necessidades das grandes empresas ao poder de compra dos consumidores, não alterando as bases de produção do modelo anterior.

4. Segundo o conteúdo visto neste capítulo, é possível afirmar que a gerência científica criou um abismo entre o trabalho intelectual

Trabalho e sociabilidade

e o manual, hierarquizando funções dentro da mesma empresa por um suposto nível de importância? Qual a justificativa?

a) Não. A gerência científica aproximou o trabalho manual e intelectual dentro da empresa em um primeiro momento; foi necessário apenas separar as tarefas de gerência e o trabalho direto da produção, pois os trabalhadores dessas duas modalidades fazem parte de níveis sociais distintos, mas a integração desses trabalhos foi mantida.

b) Sim. Mas é necessário destacar que isso só se tornou uma realidade após a criação de empresa multinacionais. Como a divisão entre os trabalhos manual e intelectual distancia uma modalidade da outra – muitas vezes, em nível intercontinental – e tendo em vista que existe uma diferença de desenvolvimento tecnológico entre países emergentes e desenvolvidos, não há possibilidade de garantir um "equilíbrio" entre trabalhadores de funções diferentes, porém a integração desses trabalhos teoricamente está mantida.

c) Não. A gerência científica aproximou o trabalho manual e intelectual dentro da empresa. A ampliação da tecnologia e a especialização das funções dentro da organização naturalmente criou uma hierarquia de funções com maior responsabilidade e, por consequência, com maiores salários. É evidente que todos os trabalhadores tiveram as mesmas oportunidades de se especializar e alguns não aproveitaram a oportunidade.

d) Sim. Mas a gerência não criou um abismo, aproximou o trabalho manual do intelectual em um primeiro momento histórico. É em um segundo momento histórico que se cria um pequeno distanciamento físico, porém as empresas através de programas conseguem manter a aproximação entre os trabalhos manual e intelectual e, principalmente, equipara salários e condições de trabalho.

e) Sim. A gerência científica separou os trabalhos manual e intelectual na empresa, em um primeiro momento fazendo distinção entre as tarefas de gerência e o trabalho direto da produção. Em seguida, ampliando o abismo, a organização

Trabalho na sociedade capitalista

separou os ambientes de trabalho, distanciando ainda mais a integração desses espaços e criando uma diferenciação entre trabalhadores, com funções distintas, mas como o mesmo produto final para a empresa.

5. Afirmamos neste capítulo que, em um primeiro momento histórico da implantação do sistema de acumulação flexível nas indústrias, as mulheres foram inseridas em uma condição diferenciada do conjunto dos homens. Que condição foi essa? Qual foi a importância desse momento para as empresas?

a) As mulheres foram inseridas em períodos de trabalho diferenciados (meio período, por exemplo), com salários menores, em condições de trabalho precarizadas, para ocupar as vagas de trabalhadores que recebiam salários elevados. Como havia um contingente enorme (à época) de mulheres desempregadas, que se sujeitavam às vagas oferecidas, isso ajudou as empresas a diminuírem custos e aumentarem lucros.

b) As mulheres foram inseridas em períodos de trabalho iguais aos dos homens, com salários iguais e muitas vezes superiores, em condições de trabalho equivalentes, para ocupar as vagas de trabalhadores que recebiam salários elevados e não produziam de acordo. Como havia um contingente enorme (à época) de mulheres desempregadas, esse conjunto de pessoas foi beneficiado e ajudou a melhorar a produção das empresas.

c) As mulheres não foram inseridas em períodos de trabalho diferenciados (meio período, por exemplo) – elas só foram inseridas nas indústrias após a inserção da informática no gerenciamento; seus salários estavam equilibrados com a produção. Como havia um contingente enorme (à época) de mulheres desempregadas, que se sujeitavam às vagas oferecidas, isso ajudou as empresas a diminuírem custos e aumentarem lucros.

d) As mulheres não foram inseridas em períodos diferenciados, pois já participavam ativamente da produção industrial antes mesmo da acumulação flexível. O trabalho em períodos de trabalho diferenciado (meio período, por exemplo) – com salários menores, em condições de trabalho precarizadas, para ocupar as vagas de trabalhadores que recebiam salários elevados – se deu por uma crise econômica específica; não houve qualquer vinculação com o processo de aumento da produção das empresas ou com questões de gênero.

e) As mulheres foram inseridas em período integral, preferencialmente. As empresas, à época, se adaptaram para que essas trabalhadoras levassem seus filhos para o trabalho, para que eles cumprissem parte das suas tarefas, o que lhes dava uma melhor condição de trabalho e salário em relação aos homens. Como havia um contingente enorme (à época) de mulheres desempregadas, que disputavam as vagas oferecidas, isso ajudou as empresas a aumentarem e qualificarem sua produção.

Questões para reflexão

1. Conforme o que foi estudad o neste capítulo, o **controle** é chave para a nova gerência científica. Tendo em vista as ações executadas na área do serviço social, explique como essas ações podem fortalecer o *status quo* (ou seja, um sistema que está estruturado com base na exploração do trabalho humano) e como o serviço social pode auxiliar na emancipação humana. Considere, em sua resposta, os pontos positivos e negativos para cada caso.

2. Levando em consideração seus estudos deste capítulo, disserte sobre a importância do fordismo no desenvolvimento industrial e suas consequências na área social.

Para saber mais

TEIXEIRA, D. L. P.; SOUZA, M. C. A. F. **Organização do processo de trabalho na evolução do capitalismo**. 1985. Disponível em: <http://www.scielo.br/scielo.php?script=sci_arttext&pid=S0034-75901985000400007>. Acesso em: 26 mar. 2019.

O artigo apresenta um paralelo entre a evolução do capitalismo e as mudanças nas formas de organização dos processos de trabalho, fazendo correlações entre ambos e atentando-se à influência desse processo na organização também da classe trabalhadora.

TRINDADE, F. E. **Administração científica de Taylor e as "novas formas" de organização do trabalho: possibilidades de coexistência? Um estudo de caso na indústria têxtil catarinense**. 213 f. Dissertação (Mestrado em Administração) – Universidade Federal de Santa Catarina, Florianópolis, 2004. Disponível em: <https://repositorio.ufsc.br/bitstream/handle/123456789/86767/211221.pdf?sequence=1>. Acesso em: 26 mar. 2019.

Essa dissertação auxilia os profissionais a entenderem, com base em um estudo no contexto brasileiro, o desenvolvimento dos conceitos de administração científica em uma empresa, bem como seus limites e desafios.

CAPÍTULO 4

O Serviço Social e o mundo do trabalho

Conteúdos do capítulo:

- Conceituação de *serviço social*.
- Serviço social e trabalho assalariado.
- Trabalho e prática profissional.
- A matéria-prima do serviço social.
- Utilidade social do trabalho do assistente social.
- Após o estudo deste capítulo, você será capaz de

Após o estudo deste capítulo, você será capaz de:

1. compreender o que é o serviço social e qual o seu lugar na divisão sócio-técnica do trabalho;
2. elencar as implicações do assalariamento no desenvolvimento do fazer profissional do assistente social e discutir sobre elas;
3. debater sobre a matéria-prima de trabalho do assistente social e sobre a especificidade da profissão;
4. compreender o valor de uso e o valor de troca da profissão de assistente social.

Nos três capítulos anteriores, foi possível entender a centralidade da categoria *trabalho* na teoria marxista, bem como observar como o trabalho é determinante na constituição do ser social e na organização da sociedade. Vimos também que na medida em que aumentam o número de habitantes existentes nas sociedades e as necessidades criadas por eles, as relações sociais se tornam mais complexas, exigindo que cada um produza algo diferente para suprir essas necessidades, dando origem à divisão social do trabalho.

Após termos discutido sobre esses pontos, passaremos agora a debater o serviço social e a categoria *trabalho*. É necessário aqui que retomemos algumas reflexões em relação ao reconhecimento e à compreensão do serviço social como trabalho e à condição de trabalhador do assistente social. Esse debate é fundamental, pois entender o serviço social como trabalho amplia nossa forma de compreender a prática profissional, permitindo-nos perceber os condicionantes e os fatores que afetam diretamente a ação do assistente social. Assim, evitamos em nosso cotidiano reproduzir discursos como o da suposta dicotomia entre a "teoria e a prática" na profissão ou nos frustrar com a nossa prática por achar que estamos nos distanciando do projeto ético-político do serviço social.

Essa compreensão da profissão no mundo do trabalho também é importante para que possamos identificar campos de trabalho e prospectar novos espaços de atuação para o assistente social.

4.1 O que é o serviço social?

Para iniciarmos a nossa reflexão sobre a inserção do assistente social no mundo do trabalho, é necessário que respondamos antes à pergunta, certamente já feita em outros momentos do processo de aprendizagem desta profissão: o que é o serviço social?

Ao conversarmos com colegas de profissão, já vimos muitos profissionais sem saber responder a essa pergunta, alegando falta de especificidade da profissão. Ora, o serviço social é uma profissão inscrita na divisão sócio-técnica do trabalho, responsável pela administração de serviços sociais. Mas vamos tentar decifrar essa afirmação por partes.

A divisão social do trabalho tem sido objeto de estudo da sociologia há mais de um século, sendo o sociólogo e filósofo Émile Durkheim aquele que nos traz a primeira contribuição original para a compreensão do tema. Apesar de ser um dos precursores do **funcionalismo** – corrente conservadora pouco recorrente no serviço social desde o movimento de reconceituação da profissão –, as análises sociológicas do autor nos servem do ponto de vista instrumental para entendermos a divisão social do trabalho.

Para Durkheim (2004), nas sociedades primitivas, os indivíduos relacionavam-se por meio da **solidariedade mecânica** (relacionavam-se e agrupavam-se por similaridades e características comuns do gênero humano). Já nas sociedades chamadas *modernas*, com o aumento da densidade de indivíduos no espaço social, as relações passam a pautar-se pela **solidariedade orgânica**, na qual as pessoas se relacionam com base na interdependência que têm entre si. A complexificação da sociedade pela quantidade de indivíduos diferentes convivendo gera a necessidade de que cada indivíduo passe a assumir um papel na sociedade, a produzir algo diferente do outro, gerando, assim, uma relação de dependência na troca de produtos e serviços necessários à sobrevivência. Em uma análise bastante resumida, essa divisão de papéis, que faz com que cada um produza algo diferente e atribua a isso um valor de uso para si e um valor de troca com outro, é o que o autor chama de *divisão social do trabalho*. Retomaremos esse conceito mais adiante.

E os serviços sociais, o que são? As políticas sociais são as respostas construídas para o enfrentamento das expressões da questão social (Iamamoto, 2015). Nesse sentido, Cavalcante e Oliveira

Trabalho e sociabilidade

(2011) afirmam que as políticas sociais se materializam na forma de oferta de serviços sociais. Esses serviços sociais podem ser ofertados pelo Estado, que o faz à parcela mais vulnerável da população, ou pelo terceiro setor, que atua de forma subsidiária ao Estado – ou, ainda, pela iniciativa privada, que os oferta a quem pode pagar, como os planos de saúde privados, por exemplo.

Embora Netto (1992) não utilize diretamente essa definição, o autor afirma que o assistente social seria um executor terminal das políticas sociais. Podemos relacionar o termo _terminal_, utilizada pelo autor, aos serviços sociais, à forma como a política social se materializa e chega até o seu público destinatário. Há que se considerar que, na contemporaneidade, o assistente social não ocupa mais apenas esse papel de executor de serviços, mas atua também na sua administração em geral, na gestão e gerência de políticas públicas.

Após compreendermos o que é a divisão social do trabalho e o que são os serviços sociais, já dispomos de alguns elementos para a nossa reflexão, considerando que o serviço social é uma profissão que, assim como todas as demais, está inscrita na divisão social do trabalho e que sua atividade tem um valor de uso social e um valor de troca que é convertido em meio de subsistência para quem a produziu. Não é nossa intenção delinear uma especificidade fechada para o serviço social, pois esse é um debate antigo que se mantém sempre atual e que está longe de ser findado. Queremos apenas deixar claro que o assistente social tem, sim, particularidades que o garantem como um profissional diferente dos demais e que ele ocupa um espaço definido dentro da divisão sociotécnica do trabalho.

Complementando, Iamamoto (2009, p. 10) afirma que a produção de conhecimento recente em Serviço social já vem apontando os assistentes sociais como trabalhadores detentores "de uma força de trabalho dotada de capacitação específica: [são] capazes de criar um tipo de trabalho concreto, distinto e particular".

4.2 Serviço Social e trabalho assalariado

É importante esclarecermos que, assim como os demais trabalhadores, o assistente social também é vendedor de força de trabalho e a essa força de trabalho é atribuído um valor de troca, o que implica reconhecer o assistente social como **trabalhador assalariado**:

> Ora, o Serviço Social reproduz-se como trabalho especializado na sociedade por ser socialmente necessário: produz serviços que atendem às necessidades sociais, isto é, tem um valor de uso, uma utilidade social. Por outro lado, os assistentes sociais também participam, como trabalhadores assalariados, do processo de produção e/ou redistribuição da riqueza social. (Iamamoto, 2015, p. 24)

Na mesma linha de análise, Gentilli (2006, p. 31) também pondera a questão do trabalho assalariado do assistente social, afirmando que se trata de um profissional que "se insere nas relações sociais da sociedade capitalista como mercadoria força de trabalho". Assim, vê-se claramente a inserção do serviço social no modo capitalista de produção: como força de trabalho assalariada, participa diretamente da produção de riqueza; já o profissional, por meio de seu trabalho, atua junto ao seu público no sentido de manutenção das condições de vida material para assegurar que essas pessoas continuem também a produzir riqueza como trabalhadores assalariados.

Vale observarmos que as normativas vigentes inscrevem o serviço social no rol das profissões liberais, o que, de acordo com Iamamoto (2009, 2015), pode ser um equívoco, pois, em quase todos os espaços sócio-ocupacionais, os meios para execução do seu trabalho são proporcionados pela instituição à qual o profissional está vinculado. Os recursos para manutenção dos serviços sociais administrados pelo assistente social são ofertados pelo seu empregador. Sendo o "dono" do recurso, o empregador é quem dá o tom e a diretriz ao trabalho e aos serviços que serão administrados, o que retira, de certa maneira, o caráter de profissão liberal do serviço social.

Saliente-se que, diferentemente do que se pensa no senso comum, o que define um profissional liberal não é o fato de ele trabalhar como autônomo e não vender sua força de trabalho para outrem. São aqueles que gozam de autonomia para a escolha dos meios – instrumentos e técnicas – com os quais objetivará o seu trabalho. Esses profissionais liberais (médicos, assistentes sociais, psicólogos, engenheiros civis, entre outros), por gozarem de tal autonomia, precisam ser regidos por um código de ética que imporá limites ao uso desses meios. É nesse sentido que Iamamoto (2009, 2015), conforme mencionado, critica esse caráter liberal do serviço social, visto que se o trabalhador que exerce essa atividade está subordinado a seu empregador e é este quem detém os recursos para o desenvolvimento do trabalho, a autonomia para a escolha dos meios é bastante prejudicada.

4.3 Prática profissional ou trabalho?

Desde o início deste livro, utilizamos a expressão *trabalho* em vez de *prática profissional*. Por que falar de trabalho do assistente social e não de prática profissional?

Simplesmente porque o trabalho é algo maior que a prática profissional. A prática é o "fazer" do trabalho do assistente social. Como vimos nos capítulos anteriores, o trabalho é um processo de ideação, seguido de objetivação. Portanto, o trabalho, e não apenas a prática, mas, sim, a idealização, a criação no imaginário do produto do trabalho antes mesmo de iniciá-lo propriamente, é a soma da intenção e da realização. Assim, se pensarmos apenas em prática profissional e não em trabalho, utilizando a mesma metáfora cunhada por Marx e já citada neste livro, o assistente seria apenas a abelha que constrói institivamente a sua colmeia. Definitivamente, o trabalho do assistente social não é mecânico, instintivo ou estanque e, por isso, é trabalho, e não apenas prática. Para poder chegar à etapa da prática, há que se ter instrumentalidade, um rol de conhecimentos específicos da profissão que habilita a pessoa a atuar como assistente social. Dotado de instrumentalidade, o profissional intenciona seu trabalho e articula seus conhecimentos para objetivá-lo.

Conceber o serviço social como trabalho implica compreender que esse "fazer" profissional, essa prática está "profundamente condicionada pelas relações entre o Estado e a Sociedade Civil, ou seja, pelas relações entre as classes na sociedade, rompendo com a endogenia do Serviço Social" (Iamamoto, 2015, p. 22). Pressupõe também compreender, sob uma visão histórica, as metamorfoses da vida social, os contextos sociais, políticos e econômicos nos quais o profissional está inserido, e principalmente, compreender que esses fatores não influenciam a prática profissional, mas, sim, estruturam o trabalho do assistente social, já que determinam diretamente a implementação de políticas sociais e a oferta de serviços sociais.

Esse olhar nos permite tomar distância da dualidade do que é de "dentro" ou de "fora" da profissão e do desenvolvimento prático das ações inerentes a ela, mas nos possibilita entender que todos os fatores que acontecem na vida social e na organização da sociedade são parte constitutiva do trabalho do assistente social, sendo necessário, segundo Iamamoto (2015, p. 55), "romper qualquer relação de exterioridade entre a profissão e a realidade, atribuindo-lhe a centralidade que deve ter no exercício profissional".

Por exemplo: as precarizações das relações de trabalho, fruto do capitalismo tardio que estamos vivendo, o qual moveu o foco da produção industrial para a produção de capital e riqueza por meio do mercado financeiro, afetou diretamente a classe trabalhadora, colocando muitas famílias e indivíduos em situação de vulnerabilidade pelo desemprego, gerando novas expressões da questão social ou aumentando as demandas já existentes para a intervenção do assistente social. Ora, se o serviço social é trabalho, a profissão também vem sendo afetada por essas transformações da economia, estando o assistente social sujeito à perda de postos e a relações precarizadas de trabalho para garantir as condições de reprodução de sua vida material. Afinal de contas, assistentes sociais também têm famílias, alimentam-se, vestem-se, almejam acesso a bens culturais e precisam garantir as condições para a sua (sobre)vivência.

Assim, frise-se, as mudanças no mundo do trabalho afetam os usuários do serviço social, mas também afetam o próprio profissional como trabalhador, assunto que veremos no Capítulo 5.

4.4 A questão da matéria-prima do serviço social

Até aqui, construímos a percepção do serviço social como trabalho e enxergarmos os assistentes sociais como trabalhadores. Se estamos falando tanto de trabalho, importante se faz que retomemos a questão: o que é o trabalho? Para que ele serve, além de garantir as condições para a reprodução da vida material do ser humano? Ainda que já tenhamos tratado de tal assunto em nossos primeiros capítulos, vale retomar aqui essas questões à luz do serviço social.

Valendo-se das teses marxistas, Lukács (1997) afirma que o homem não é apenas um ser orgânico, mas, sim, um ser social. O que o torna um ser social é o trabalho. Assim, o indivíduo se faz humano pelo trabalho, por meio do qual é possível transportar as representações de sua consciência para produtos reais, revelando, assim, sua capacidade criadora. Entretanto, todo trabalho na sociedade capitalista tem uma finalidade social ditada pelas leis gerais do capital. Seguindo raciocínio similar, Iamamoto (2015, p. 60) afirma que "o trabalho é uma atividade fundamental do homem, pois mediatiza a satisfação das suas necessidades diante da natureza e de outros homens. [...] o trabalho é, pois, o selo distintivo da atividade humana".

É pelo trabalho que o ser humano transforma a natureza e o meio social em que vive, podendo esse trabalho ser de produção material, artístico ou intelectual. Lukács (1997) relata que Marx reconhecia que, ao mesmo tempo em que por meio do trabalho o ser humano transforma/molda a realidade social, também esta realidade molda a formação do ser social, como numa via de mão dupla. Nesse bojo, considerando o trabalho essa atividade transformadora, Iamamoto (2015) define que para que um processo de trabalho aconteça, é necessário existir um objeto sobre o qual incida a ação, ou seja, para que haja um processo de trabalho é necessário que haja uma matéria-prima.

A matéria-prima da profissão de assistente social é a **questão social**, fruto da contradição entre capital e trabalho, e essa questão social produz inúmeras expressões, como a pobreza e a violência, sobre as quais incidem diretamente o trabalho do profissional de serviço social.

A atuação do assistente social recai sobre recortes, sobre nuances diferentes dessas expressões, sendo esses recortes os definidores de cada espaço sócio-ocupacional ou campo de trabalho para a profissão. Iamamoto (2015) afirma que o reconhecimento dessa matéria-prima é fundamental para que o profissional seja sujeito de suas ações e que tenha consciência dos resultados e efeitos que seu trabalho pode provocar.

Considerando essas ponderações, fica evidenciada a importância da teoria crítica marxista para o serviço social, não só para a compreensão dos processos de trabalho em que se insere o assistente social, mas também como teoria orientadora da ação profissional, pois, com seu método materialista histórico, propicia que tenhamos uma compreensão dos espaços nos quais estamos inseridos partindo do contexto atual e dos determinantes histéricos desse contexto. Além disso, exige que compreendamos os espaços sociais e a realidade com base na análise das condições de vida material da sociedade, da organização do modo de produção – que na sociedade atual é o capitalista –, reconhecendo o caráter de luta de classes existentes na realidade social organizada por esse modo produção. O método de compreensão marxista é também **dialético**, o que significa reconhecer que a realidade social está em constante movimento, motivada pela dinâmica da vida material e pela história.

4.5 Utilidade social do assistente social e o projeto ético-político

Autores como José Paulo Netto e Marilda Villela Iamamoto são alguns dos que mais contribuíram para a produção de teses no serviço social, construindo conhecimento e analisando o trabalho, as especificidades do serviço social e a realidade na qual se insere a profissão tendo por base as teses marxistas. Considerando isso, esses autores são pioneiros na crítica à compreensão do surgimento do serviço social no Brasil como uma profissionalização da filantropia, apontando a emergência da profissão diante de um contexto de necessidade de "controle social" (não no sentido da fiscalização das ações estatais) no contexto brasileiro pós-guerra, para amenizar os conflitos de classes, no bojo de uma crescente intervenção do Estado na organização da vida social. Iamamoto (2015, p. 23) pontua que "é quando o Estado se 'amplia' [...], passando a tratar a questão social não pela coerção, mas buscando o consenso na sociedade, que são criadas as bases históricas da nossa demanda profissional".

Perceber essa perspectiva de que a profissão nasce nesse contexto de grande intervenção do Estado na regulação da vida social para manter a classe trabalhadora sob controle, de forma que não seja o uso da força o recurso principal para a manutenção da ordem, permite-nos compreender certas demandas e atividades que estão postas nos campos de trabalho do assistente social.

Neste momento, você pode estar se perguntando: se o assistente social é trabalhador e vende sua força de trabalho, à qual é atribuída valor de troca na forma do modo de produção capitalista, se a profissão surge para atender a uma demanda do capital e que até os dias de hoje atua de forma a garantir a reprodução da vida material da classe trabalhadora, como fica, então, o projeto ético-político do serviço social? E os princípios fundamentais previstos no código de ética da profissão? Então, nessa área, há realmente um distanciamento entre a teoria e a prática?

Não, não há dicotomia entre teoria e prática, nem o projeto ético-político é uma falácia e tampouco precisamos distanciarmo-nos dos princípios éticos que orientam o trabalho do assistente social. O compromisso continua sendo com a defesa intransigente dos direitos humanos contra todas as formas de discriminação e a favor da classe trabalhadora. Reconhecer os aspectos apontados no parágrafo anterior não implica negar esses preceitos, mas, sim, compreender a conjuntura e o contexto em que a profissão se insere, e com base nisso pensar e criar estratégias **de** trabalho e **para** o trabalho.

A teoria crítica marxista serve-nos como método, como olhar para entender a realidade que afeta tanto o trabalho do assistente social quanto dos usuários dos serviços administrados por ele. De forma prática, serve-nos para ir além do senso comum e evita que façamos análises imediatistas das demandas a nós trazidas. Como exemplo, podemos citar o trabalho no espaço sócio-ocupacional da execução de medidas socioeducativas, no qual não podemos compreender o adolescente autor de um ato infracional apenas como um ser humano "mau", que quer ter as coisas sem se esforçar, sem moral e escrúpulos. O assistente social, pela sua formação, tem condições de perceber a conjuntura em que esse adolescente está inserido, sua história, sua vivência familiar e comunitária e os fatores que o levaram a inserção no mundo do crime, podendo a partir daí vislumbrar ações que visem à superação

das condições que o levaram àquela situação, focando seu trabalho no sujeito e não na infração cometida por ele.

Nesse contexto, deve-se assumir que um dos maiores desafios que o Assistente Social vive no presente é desenvolver sua capacidade de decifrar a realidade e construir propostas de trabalho criativas e capazes de preservar e efetivar direitos, a partir de demandas emergentes no cotidiano" (Iamamoto, 2015, p. 20).

Importante também reconhecermos alguns limites dos aparatos normativos, legais e de diretrizes da profissão para evitarmos algumas frustrações com a projeção da concretização de ideais que não dependem direta e exclusivamente da ação do assistente social, que são muito mais macros e estruturais do que a prática profissional pode atingir, a exemplo da manifestação clara do compromisso com a construção de uma nova ordem societária.

É preciso entendermos que a presença de uma premissa como essa no projeto ético-político do serviço social não significa que os assistentes sociais serão os responsáveis pela revolução ou que, com seu trabalho, mediado pelas determinações do capital, irão transformar uma realidade que depende, de início, da superação do modo de produção capitalista, que compra a força de trabalho dos homens e depois os expropria do produto de seu trabalho. Mas significa dizer que há um consenso dentro da profissão no que diz respeito a não pactuarmos com a forma que hoje está posta, e que, embora trabalhemos para a manutenção desse sistema de forma indireta, não fomentaremos o avanço do capitalismo, a exploração do trabalhador, as precarizações das relações de trabalho, dentre outros.

É fundamental reconhecermos que há uma contradição no trabalho do assistente social, e que essa contradição não é um problema, mas é algo inerente ao processo no qual esse profissional está inserido. A utilidade social do trabalho do assistente social está em estabelecer consensos entre o capital e a classe trabalhadora, garantindo que esta última esteja sempre em condições de produzir. Não se pode negar essa realidade.

Precisamos compreender o nosso processo de trabalho, entender os fatores constitutivos dele, embasar nossa análise em um método que nos permita, primeiramente, compreender a realidade macrossocial para, depois, apreender os determinantes dessa realidade nas demandas micros que chegam até o profissional. Mas, também é necessário manter acesa a chama do anseio por uma realidade melhor, diferente. Assim, não corremos o risco de cair no determinismo, na descrença em relação à profissão e à sua efetividade, acomodando-se e tornando-se um profissional meramente executivo. O assistente social pode ampliar a diversidade da sua atuação engajando-se em movimentos sociais e/ou a partidos políticos que compartilhem dos ideais da profissão e dos valores do profissional, apoiando-se na coletividade para a obtenção de um fim maior.

4.6 Vícios do trabalho do assistente social: teoricismo, militantismo e tecnicismo

Iamamoto (2015) é precisa ao afirmar que o caminho para a construção do trabalho do assistente social – trabalho que, apesar de alienado, pode ser consciente e qualificado – é a conciliação entre os aspectos teórico-metodológicos, ético-políticos e técnico-operativos da profissão, ultrapassando os limites de três posturas que decorrem da percepção isolada de cada uma destas dimensões: o teoricismo, o militantismo e o tecnicismo.

- **Teoricismo**: aposta que o aprimoramento da fundamentação teórico-metodológica é a solução para a construção de novas alternativas para o exercício do serviço social.
- **Militantismo**: pressupõe que a inserção política e o engajamento do assistente social são o caminho para uma ruptura

com realidade vigente e a chave para a efetivação do projeto ético-político da profissão.

※ **Tecnicismo**: preconiza que o estabelecimento e a ampliação de bases técnico-operativas são fundamentais para a qualificação da atuação profissional. Reivindica mais técnicas e instrumentos para apoiar a intervenção do assistente social na administração dos serviços sociais.

Como já mencionado, a defesa de um desses pontos e a luta unilateral por algum deles são prejudiciais à profissão, já que são fatores interdependentes. De que adiantaria aplicar a técnica sem a leitura da realidade sobre a qual se está atuando? Como se engajar politicamente sem ter uma base teórico-metodológica que permita analisar e compreender a conjuntura e o contexto político e econômico atual? O que fazer com a teoria e a metodologia quando enxergamos uma realidade, mas não temos meios para intervir nela?

> As abordagens unilaterais, antes acentuadas, acabaram por provocar um relativo afastamento entre o Serviço Social e a própria realidade social, o que explica a reiterada proclamação da urgência de um estreitamento de vínculos entre ambos. [...] articular a profissão e a realidade é um dos maiores desafios, pois entende-se que o Serviço Social não atua apenas sobre a realidade, mas atua na realidade. (Iamamoto, 2015, p. 55)

É na confluência das três dimensões – teórico-metodológica, ético-política e técnico-operativa – ou na ausência dela que se materializam os discursos e os incômodos de muitos assistentes sociais que apregoam haver um distanciamento entre a teoria e a prática, entre o serviço social e a realidade, e que não conseguem compreender o serviço social como trabalho em sua completude. A compreensão de que esses três aspectos devem caminhar juntos e que são complementares é fundamental para o trabalho desse profissional em qualquer espaço sócio-ocupacional em que ele vá atuar, e contribui para solidificar a prática de sua profissão.

Síntese

Neste capítulo discutimos sobre o que é o serviço social, considerando a profissão inscrita na divisão social do trabalho, responsável por administrar os serviços sociais, favorecendo a compreensão da profissão no mundo do trabalho, reconhecendo o assistente social como trabalhador assalariado e as implicações que isso traz ao cotidiano da profissão. Apresentamos também algumas ponderações, pautadas na teoria marxista, sobre o que é o trabalho e que é ele que faz do ser humano um ser social.

Discutimos também que todo trabalho tem uma matéria-prima, e que a matéria-prima do trabalho do assistente social é a questão social, conforme preconiza Iamamoto (2015, 2013). O assistente social atua na oferta de serviços sociais que dão respostas às inúmeras expressões causadas pela questão social, tendo como utilidade social do trabalho a formação de consensos entre a classe trabalho e o capital.

Também tratamos da importância da teoria crítica marxista e de seu método materialista-histórico para apreender, analisar e compreender a realidade na qual está inserido o profissional do serviço social e as pessoas que são usuárias dos serviços por ele administrados. Por fim, discutimos sobre as três posturas profissionais que precisam ser rompidas para que o serviço social possa progredir enquanto profissão: o teoricismo, o militantismo e o tecnicismo. Demonstramos que romper com essas posturas é absolutamente fundamental, pois o trabalho do assistente social somente será completo se houver a articulação das dimensões teórico-metodológica, ético-política e técnico-operativa.

Questões para revisão

1. Todo trabalho implica a existência de uma matéria-prima sobre a qual incide a ação do trabalhador. De acordo com Iamamoto, qual é a matéria prima do trabalho do assistente social?
   a) As políticas sociais.
   b) Os usuários dos serviços administrados pelo profissional.

c) A questão social, fruto da contradição entre capital e trabalho.
d) As expressões da questão social.
e) Os serviços sociais.

2. A teoria crítica marxista, analisada por Lukács, afirma que o ser humano é um ser social e que há um fator que confere a ele essa característica e o retira da sua condição de existência puramente biológica. Que fator é este?

a) A família, pois é nela que o ser humano recebe as primeiras noções de sociabilidade.
b) A educação, pois é na escola que o ser humano aprende a decifrar os códigos escritos e amplia sua compreensão de mundo.
c) O trabalho enquanto ação da transformadora da natureza, pois é através desta atividade que ele pode exercer a sua capacidade criadora.
d) O trabalho, pois é nesse ambiente que ele estabelece relações, pode fazer novos amigos e aprende a conviver com as diferenças.
e) A educação, pois o ser humano é capaz de assimilar conhecimento para além do padrão institucionalizado de "escola".

3. Após o movimento de reconceituação do serviço social, uma corrente teórico-metodológica passou a ser hegemônica na profissão. Isso não significa que ela seja a única, mas que ela fundamenta a formação dos assistentes sociais e é adotada por grande parte dos profissionais para embasar sua prática. Que corrente é esta?

a) Funcionalismo.
b) Positivismo.
c) Personalismo.
d) Teoria crítica marxista.
e) Fenomenologia.

4. Neste capítulo, demonstramos uma contradição presente no trabalho do assistente social, e que ela não é boa ou ruim, mas que está presente e precisa ser reconhecida. Discorra sobre essa contradição.

5. Por que a teoria crítica marxista é tão importante para o Serviço Social?

Questões para reflexão

1. Leia o caso a seguir.

> Após receber incentivos fiscais da prefeitura de um município de grande porte, uma empresa multinacional instalou-se na cidade. Inicialmente, a população local se entusiasmou com a ideia, pois havia a promessa de criação de mais de 2 mil postos de trabalho na unidade. Tratava-se de uma empresa produtora de insumos agrícolas, tendo como atividade principal a produção de agrotóxicos. O terreno doado pela prefeitura para a instalação da indústria ficava numa área residencial, próxima a mananciais e áreas de preservação ambiental. Após o início das atividades, verificou-se que os melhores postos de trabalho, dentre eles os cargos que exigiam maior qualificação e que, por consequência, eram os melhores remunerados, foram ocupados por profissionais de fora da cidade e até mesmo estrangeiros. Para a população local restaram as vagas na área de produção, com os menores salários e condições precarizadas de trabalho. Outra constatação que fez gerar a antipatia da população local em relação à empresa foi o fato de ela realizar o esgotamento sanitário de forma irregular, liberando restos de materiais e produtos altamente tóxicos nas proximidades, contaminando o solo, o leito dos rios e mananciais da região, afetando diretamente a população residente no entorno da empresa. Uma grande mobilização popular foi iniciada na cidade pedindo a saída dessa indústria do município e cobrando posições mais firmes das autoridades, em especial as responsáveis pelas fiscalizações de meio ambiente. Em meio a esse contexto, essa indústria publicou um anúncio de jornal ofertando uma vaga para assistente social, com um salário bastante atrativo para o mercado da região, com a adição de benefícios como plano

de saúde privado para o trabalhador e seus dependentes, vale-refeição, participação anual nos lucros da empresa, entre outros.

Na cidade, há duas universidades com cursos voltados ao serviço social, as quais preparam para o mundo do trabalho cerca de 150 profissionais por ano, tornando as oportunidades de trabalho na região insuficientes para a demanda de trabalhadores da área.

Uma assistente social graduada há dois anos e que durante esse período não conseguiu se colocar no mercado de trabalho na sua área de formação, casada e com um filho ainda criança, foi a selecionada para a vaga. Apesar da inexperiência, ela falava fluentemente inglês e se expressava muito bem oralmente e na forma escrita, o que a habilitou para a vaga. Seus familiares ficaram felizes com a oportunidade conseguida, pois o alto salário e os benefícios melhorariam significativamente as condições de vida da família. Entretanto, algumas colegas de faculdade desta assistente social disseram a ela que não deveria aceitar a vaga, que ela estava "se vendendo" aos interesses do grande capital e acusaram-na de estar "traindo" os princípios da profissão. Aflita com a pressão da família de um lado e das colegas de profissão do outro, ela afundou-se em dúvidas, alegando estar entre "a razão" e "o coração". Ela tinha apenas 24 horas para dar o retorno à empresa com o aceite da vaga.

Relate detalhadamente a postura que você adotaria se estivesse no lugar dessa assistente social.

2. Algumas posturas profissionais prejudicam a compreensão do serviço social como profissão e levam a equívocos como a defesa de que há uma desconexão entre teoria e prática na profissão ou de que não há especificidade no trabalho dos assistentes sociais. Essas posturas são o militancismo, o tecnicismo e o teoricismo, as quais tendem a valorizar apenas uma das dimensões

da profissão. O que é necessário para que solidifiquemos a prática profissional e fortaleçamos o serviço social?

Para saber mais

DALA POLA, K.; COLMÁN, E. Serviço Social e trabalho. **Revista Emancipação**, Ponta Grossa, v. 7, n. 2, p. 65-76, 2007. Disponível em: <http://www.revistas2.uepg.br/index.php/emancipacao/article/view/98/96>. Acesso em: 26 mar. 2019.

Apesar de neste livro termos defendido que a atividade do serviço social se enquadra na definição do que é trabalho, essa posição não é um consenso entre os profissionais da área. Para saber mais sobre essa outra posição, sugerimos a leitura desse artigo.

CAPÍTULO 5

As metamorfoses no mundo do trabalho e seus impactos no Serviço Social

Conteúdos do capítulo:

* Mudanças no trabalho do assistente social desde a gênese da profissão.
* Impactos das políticas trabalhistas no trabalho do profissional de serviço social.
* O Estado neoliberal e os reflexos no trabalho do assistente social.
* Precarizações do trabalho e serviço social.

Após o estudo deste capítulo, você será capaz de:

1. avaliar como as mudanças no universo político e na economia afetam diretamente ao trabalho do assistente social;
2. analisar contradição inerente à profissão: compromisso ético-político com a classe trabalhadora *versus* desempenho de papel de controle e consenso entre classe trabalhadora, capital e Estado.

Trabalho e sociabilidade

Como vimos no capítulo anterior, o serviço social é um trabalho, e o assistente social, como trabalhador assalariado, está inserido no processo capitalista de produção de riqueza. Vimos também que o assistente social não atua só sobre a realidade, mas atua também inserido na realidade, tendo a classe trabalhadora como destinatária do seu trabalho e sendo ele próprio um trabalhador. Isso quer dizer que o seu trabalho é atravessado pelos fatos que ocorrem na vida social em geral.

O mesmo ocorre com os espaços sócio-ocupacionais no qual esse profissional trabalha: são integralmente afetados, moldados e modificados conforme a realidade social, conforme a direção para qual caminha o capitalismo e suas formas de acumulação. Mudanças na economia e na política afetam diretamente o trabalho do assistente social, modificando-o, extinguindo campos e até criando novos espaços e novas atribuições dentro do processo capitalista, normalmente vinculado à criação de consensos entre capital e classe trabalhadora.

Assim como vimos no Capítulo 3, sobre as mudanças no trabalho na modernidade e na contemporaneidade com os processos de acumulação flexível, também o serviço social veio sofrendo no Brasil mudanças no seu universo de trabalho e no seu fazer profissional, conforme as novas demandas surgidas.

É fundamental que o assistente social saiba fazer essa leitura da conjuntura que afeta diretamente seu trabalho para defender a permanência de espaços e aproveitar as oportunidades postas para a ocupação de espaços ainda não explorados. Além disso, essa leitura é fundamental para compreender o papel que esse profissional está desempenhando e analisá-lo de forma crítica.

5.1 A construção do trabalho do assistente social no Brasil

No Brasil, a profissão de assistente social só foi regulamentada pela primeira vez em 1957, por meio da Lei n. 3.252, de 27 de agosto de 1957. Entretanto, os primeiros espaços de trabalho para esse profissional no mercado brasileiro surgiram muito antes. Desde a segunda metade da década de 1930 e início dos anos 1940, vê-se a atuação dos primeiros profissionais do serviço social com atividades características da profissão, saídos das primeiras escolas fundadas no Brasil, nos estados de São Paulo e Rio de Janeiro.

Considerando que essas primeiras atuações vieram no bojo das instituições de fulcro religioso, as atividades eram fundadas em dogmas e princípios morais e religiosos, na perspectiva da ajuda aos pobres, com cunho caritativo e filantrópico, mas principalmente moralizador. Portanto, ao assistente social competia, dentro da divisão social do trabalho, reajustar as pessoas que estavam agindo em desacordo com os valores morais vigentes.

> **Para refletir**
>
> Nesse sentido, podemos afirmar que no Brasil os primeiros locais de trabalho do assistente social foram em instituições privadas, grande parte delas vinculadas à Igreja Católica, sem fins lucrativos diretos. Dizemos "sem fins lucrativos diretos" porque a Igreja cumpria e ainda cumpre um importante papel de fomento e manutenção da coesão social.

Próximo ao final da década de 1940, com o avanço da industrialização e o aumento da população urbana ocasionado pela vinda das pessoas do campo para a cidade em busca de trabalho (sem que, no entanto, houvesse oferta para todos, ainda mais para aqueles sem qualificação específica), o Estado passou a intervir na questão social. Ao fazer isso, abriu campo para o trabalho do assistente social na área estatal, exercendo suas atividades em resposta aos interesses das classes dominantes, no sentido de manter o controle da parcela da população trabalhadora ou que se encontrava à margem do mundo do trabalho. Indústrias emergentes também se fizeram campo de trabalho para a profissão, ofertando serviços sociais à grande massa de empregados. Explicando esse período, Iamamoto (1997, p. 25) afirma que

> amplia-se o mercado de trabalho para a profissão, permitindo ao Serviço Social romper com suas origens confessionais e transformar-se numa atividade institucionalizada. Suas bases de legitimação são deslocadas para o Estado e para os setores empresariais da sociedade, ao mesmo tempo em que o assistente social se transforma numa típica categoria profissional assalariada.

Nesse contexto da expansão da industrialização (a partir da década de 1940), começaram a eclodir no Brasil uma série de movimentos sociais vinculados ao operariado, e como resposta a esses movimentos e às pressões que poderiam fazer, o governo de Getúlio Vargas propiciou uma franca expansão das políticas de cunho trabalhista, incluindo as leis trabalhistas e a criação de ministérios como o do Trabalho e outros, encarregados de gerir as políticas básicas ao trabalhador e seus familiares, como educação e saúde. Conforme Santos et al. (2013), essas políticas tinham como finalidade conter a exacerbação dos movimentos sociais; para isso, o Estado passou a tratar a questão social não mais como caso de polícia, e sim, como política de Estado. Assim, o serviço social, no mundo do trabalho, começa a ter um papel fundamental nessa produção de consenso. Nesse contexto, consolidou-se o trabalho do assistente social na área pública, sendo o Estado o maior empregador no período – como, aliás, continua sendo até os dias atuais.

Quando afirmamos que o assistente social atua na administração dos serviços sociais às parcelas mais vulneráveis da população, estamos também dizendo que ele administra a fase terminal das políticas sociais dirigidas à classe trabalhadora. Normalmente, ao perguntarmos para qualquer profissional ou estudante de serviço social sobre o que faz o assistente social, a primeira resposta que recebemos é: atua na garantia dos direitos dos cidadãos. Ao afirmarmos que esse profissional atua na produção de consenso entre o capital e a classe trabalhadora, não estamos negando esse caráter de garantia de direitos que a profissão carrega em seu projeto ético-político, mas, sim, refletindo um pouco mais a fundo sobre a resposta à pergunta: garantir direitos para quê?

Para refletir

De forma crítica, podemos afirmar que essa garantia de direitos perpassa dois vieses: manter a classe trabalhadora em condições de continuar produzindo, bem como manter na classe trabalhadora a ideia do Estado protetor, garantista, que lhe atende quando faltam condições. Em ambos os casos, pretende-se como resultado a coesão social.

Na década de 1970, segundo Iamamoto (2015), a partir dos primeiros debates que geraram o movimento de reconceituação do Serviço Social, os assistentes sociais iniciaram uma dinâmica de ruptura com as práticas conservadoras voltadas integralmente aos interesses do capital (e do Estado que está a serviço da classe dominante), aproximando-se da tradição marxista, o que levou os profissionais a colocar suas práticas a serviço dos interesses da classe trabalhadora.

A despeito de ainda ter o Estado como principal espaço sócio-ocupacional do ponto de vista ideológico, o assistente social volta seu olhar para o trabalhador na perspectiva do direito, embora, pela garantia desse âmbito, esse profissional ainda estivesse – como está até hoje – exercendo uma função de controle social pelo estabelecimento de consensos entre o Estado e a sociedade, como já citado neste capítulo.

No contexto ditatorial, com a eclosão dos movimentos pela redemocratização brasileira (década de 1980), os assistentes sociais fortaleceram o projeto de ruptura com o conservadorismo, com as funções moralizadoras, e caminham no sentido da reconceituação do serviço social e construção de um novo projeto ético-político, reafirmando o compromisso profissional com a classe trabalhadora e com os menos favorecidos dentro do modo capitalista de produção. A atuação seguiu tendo o Estado como principal empregador e o assistente social sendo responsável pela administração de serviços sociais dentro das políticas sociais públicas.

5.2 As mudanças no papel do assistente social no Estado neoliberal

É consenso de que no Brasil não houve a consolidação do Estado de bem-estar social (*welfare state*), embora tenha havido a estruturação de políticas sociais básicas à classe trabalhadora no período. De acordo com Netto (2001), a partir da década de 1970 viu-se uma transformação do mundo do trabalho causada pela crise do capitalismo, o qual desloca o seu foco de acumulação da riqueza por meio da produção industrial e passa a ter como fonte de acumulação o capital financeiro, gerando desemprego e precarização nas relações de trabalho, já que o "trabalho vivo", que produz a acumulação, passa a ser substituído.

Há nesse contexto a desregulamentação do mercado financeiro, isto é, a flexibilização das restrições e regras para aplicação de capital no mercado financeiro. Segundo Iamamoto (2010), a desregulamentação afeta o mercado de trabalho e também todo o tecido social. Na geração de capital financeiro há pouco de "trabalho vivo", o que gera desemprego, precarizações e novas expressões da questão social.

Aqui se dá mais uma metamorfose, não dos campos de trabalho do assistente social, mas de seu papel, da direção do seu trabalho dentro da divisão sócio-técnica, em especial no Estado. No início, como dissemos, a profissão ocupou-se em atender às demandas da massa de pessoas vindas do campo sem trabalho e sem qualificação profissional, no auge da industrialização e da consolidação dos direitos dos trabalhadores teve sua prática voltada ao controle social da classe trabalhadora, contribuindo para a organização do consenso entre o Estado e a classe trabalhadora. Agora, no entanto, a atuação volta-se novamente à massa de desempregados, subempregados e trabalhadores informais vindos das novas expressões da questão social.

No contexto da desregulamentação do mercado financeiro, vemos também diminuir a presença do Estado em todos os setores, com pouca intervenção sobre a economia e sobre a vida social, iniciando o que conhecemos como **neoliberalismo**, o qual tem como marca principal o Estado mínimo, que intervém pouco na economia e reduz o número de serviços e políticas ofertadas à população.

Para refletir

O neoliberalismo afeta diretamente o trabalho do assistente social, já que com a redução das funções estatais reduzem-se também as políticas sociais voltadas aos cidadãos, e por consequência, diminui-se a oferta de serviços sociais.

As políticas neoliberais ganham força no Brasil na gestão do Presidente Fernando Henrique Cardoso (1995-2002), quando, segundo Faleiros (2010, p. 31), houve o desmonte das políticas sociais "getulistas" de amparo ao trabalhador; "o Estado não mais se ocupa do desenvolvimento do bem-estar social, mas do comércio, da competitividade, da arrecadação e dos superávits, substituindo a política econômica por uma política monetária e financeira".

Como já abordado no Capítulo 4, o assistente social, na qualidade de trabalhador assalariado, também está sujeito às mudanças na economia e é afetado por elas. Com a supervalorização do capital financeiro e o advento do neoliberalismo, os campos de trabalho para o assistente social também são afetados, com a redução de postos em razão da redução das ações públicas em políticas sociais, estando o profissional sujeito a precarizações de relações de trabalho, conforme afirma Guerra (2010, p. 719):

> Desregulamentação do trabalho, mudanças na legislação trabalhista, subcontratação, diferentes formas de contrato e vínculos que se tornam cada vez mais precários e instáveis, terceirização, emprego temporário, informalidade, jornadas de trabalho e salários flexíveis, multifuncionalidade e polivalência, desespecialização, precariedade dos espaços laborais e dos salários, frágil organização profissional, organização em cooperativas de trabalho e outras formas de assalariamento disfarçado [...].

Essas condições são claramente vistas nos campos de trabalho. Com o Estado neoliberal, reduziram-se drasticamente o número de concursos públicos para contratação de profissionais nas organizações e equipamentos estatais. Municípios, em especial os de pequeno porte, passam a contratar assistentes sociais por meio de cargos comissionados, o que, além de ser uma relação precária de trabalho, por não garantir a estabilidade e nem direitos trabalhistas na forma dos cargos efetivos, ainda vincula o profissional politicamente ao gestor, a quem "deve seu emprego". Muitos desses profissionais atuam em mais de uma área, sendo possível vermos situações em que o mesmo profissional trabalha na área da assistência social, da saúde, da habitação, dividindo sua carga horária para atender sozinho a todas as políticas sociais, não sendo assistente social **no** município, mas sim o assistente social **do** município.

Com a supervalorização do capital financeiro e o advento do neoliberalismo, os campos de trabalho para o assistente social também são afetados, com a redução de postos em razão da redução das ações públicas em políticas sociais.

Outra questão clara que vai ao encontro das afirmações de Guerra (2010) é o advento da figura do "técnico", que, além de cobrar do assistente social a polivalência, traz o caráter de desespecialização da profissão. Sob a máscara de inter ou multiprofissionalidade, colocam-se assistentes sociais, pedagogos, psicólogos, bacharéis em direito, administradores, entre outros, em equipes "técnicas", com funções similares ou até iguais, desrespeitando a especificidade de cada profissão. Quando requeridas condições de trabalho, entre elas questões éticas na atuação, ao profissional é dado como resposta "você é técnico como os demais".

> **Para refletir**
>
> A figura do "técnico" desespecializa o assistente social e agrega a ele funções que não são nem de competência e tampouco de atribuição exclusiva da profissão. Por outro lado, esse processo também repassa aos outros profissionais funções que são do assistente social, reduzindo postos de trabalho.

5.3 Os processos de terceirização e precarização do trabalho do assistente social

Outro processo produzido pelo neoliberalismo foi a **terceirização** do trabalho de assistente sociais, travestida nos processos de seleção de consultores e assessores para funções de planejamento e avaliação de políticas, planos, programas e projetos sociais. Coloca-se o assistente social em uma função de profissional "autônomo", "prestador de serviço", o qual vende o seu trabalho por empreitadas, apenas na modalidade de consultoria ou assessoria, sem qualquer vínculo ou direito trabalhista.

Por óbvio, nem toda assessoria e consultoria é fruto da **precarização** das relações de trabalho, mas é preciso estar atento para entender o contexto de trabalho no qual estamos inseridos e fazer uma leitura crítica da realidade na qual atuamos. Essa reflexão nos é rica para evitar contribuir para essas precarizações na contratação de assistentes sociais, não negando o campo da consultoria e assessoria, mas também não atuando para a sua legitimação, a exemplo da concepção apresentada por Goerk e Viccari (2004, p. 4, grifo nosso), em artigo sobre um relato de experiência de uma atividade de assessoria no estado de Santa Catarina:

> As assessorias podem ser consideradas **formas indiretas de prestações de serviços** a órgãos governamentais, não governamentais e empresas privadas, em que o profissional responsável pela execução desta atividade instrumental, **normalmente não tem vínculo empregatício atuando como prestador de serviço à organização demandatária**.

Não podemos conceber a assessoria por esse prisma e nem reafirmá-lo, porque, no relato citado, não existe necessariamente uma assessoria, mas, sim, uma forma precarizada e frágil de relação trabalhista, dando a assessoria um caráter de "trabalho temporário".

Matos (2009) explica que há uma distorção na compreensão de assessoria no serviço social, explicitando que **assessoria não é**:

a. supervisão técnica;
b. sinônimo de toda e qualquer ação de extensão, em especial a universitária;
c. trabalho temporário e/ou precarizado.

De acordo com o autor, a supervisão em serviço social já é um processo em desuso, o qual tem um caráter mais duradouro que a assessoria, e o supervisor tem uma autoridade de "mando" sobre o supervisionado, enquanto que o assessor tem uma autoridade de "ideias", as quais podem ou não ser acatadas pelos assessorados.

Já os projetos de extensão, vinculados às instituições de ensino superior, na maioria das vezes têm caráter de prestação de serviços para a comunidade ou de interação de saberes entre os campos de trabalho e a comunidade acadêmica, sendo que poucos deles consistem em processos de assessoria de fato. Já os trabalhos temporários que consistem em prestação de serviços em matéria de serviço social também não são assessorias e, segundo Matos (2009, p. 7), nada mais são do que "uma estratégia para burlar os direitos trabalhistas".

O mesmo autor, em texto de 2006 (citado por Matos, 2009, p. 5, grifo nosso) define o que realmente é assessoria na área de serviço social:

> Assim, definimos assessoria/consultoria como aquela ação que é desenvolvida por um profissional com conhecimentos na área, que toma a realidade como objeto de estudo e detém uma intenção de alteração da realidade. **O assessor não é aquele que intervém**, deve, sim, **propor caminhos e estratégias** ao profissional ou à equipe que assessora e estes têm autonomia em acatar ou não as suas proposições. Portanto, o assessor deve ser alguém estudioso, permanentemente atualizado e com capacidade de apresentar claramente as suas proposições.

Desse modo, temos aqui uma primeira premissa básica: para que um processo seja efetivamente de assessoria, ele não pode ter caráter de intervenção; o prestador de serviços dificilmente irá intervir na realidade, mas, como vimos, irá propor estratégias para o desenvolvimento de ações. O assessor não será "o sujeito da ação, e sim o propositor desta" (Matos, 2006, citado por Matos, 2009, p. 5).

A inserção do assistente social no campo das assessorias e consultorias, segundo esse mesmo autor, é fruto do reconhecimento de que esse profissional tem conhecimentos a serem disponibilizados, principalmente na área de políticas sociais e mobilização social, já que "o exercício de assessoria está ligado ao *status* que essa função tem, que está ligado ao reconhecimento intelectual que se dispensa ao assessor" (Matos, 2009, p. 4).

Já a consultoria, segundo Vasconcelos (1998, citado por Matos, 2009) é um processo um pouco diferente da assessoria, pois normalmente a consultoria ocorre já nas fases de implementação e execução de um projeto, explicando que seu objetivo é a busca, por parte do contratante, de respostas às questões específicas que dificultam o encaminhamento das ações.

> ## Fique atento!
>
> Enquanto o assessor atua de forma mais direcionada para a construção de um planejamento, especialmente em projetos a serem desenvolvidos num determinado espaço, o consultor deveria ser aquele que, em fase mais adiante do processo, auxilia a resolver problemas sobre os quais é "consultado" pelo contratante.

A assessoria e a consultoria são atribuições do assistente social previstas na Lei de Regulamentação da profissão (Lei Federal n. 8.662, de 7 de junho de 1993 - Brasil, 1993), nos art. 4º e 5º:

> Art. 4º Constituem competência do Assistente Social:
> [...]
> VIII – prestar assessoria e consultoria a órgãos da administração pública direta e indireta, empresas privadas e outras entidades, com relação às matérias relacionadas no inciso II deste artigo;
> [...]
> IX – prestar assessoria e apoio aos movimentos sociais em matéria relacionada às políticas sociais, no exercício e na defesa dos direitos civis, políticos e sociais da coletividade;
> [...]
> Art. 5º Constituem atribuições privativas do Assistente Social:
> [...]
> III – assessoria e consultoria a órgãos da administração pública direta e indireta, empresas privadas e outras entidades, em matéria de Serviço Social. (Brasil, 1993)

Essa assessoria e/ou consultoria, segundo Matos (2009), pode se dar em três frentes: a primeira refere-se à **assessoria prestada pelos assistentes sociais a outros assistentes sociais**, visando "qualificar a intervenção profissional" (Matos, 2009, p. 8), na perspectiva de formação continuada dos profissionais da área; nesse caso, está inserida no campo das atividades privativas do assistente social. As outras duas frentes estão inscritas nas competências profissionais, sendo uma delas a **assessoria em gestão de políticas públicas**, assessorando os gestores de serviços públicos, tanto do Estado quanto das entidades da sociedade civil sem fins lucrativos. A terceira frente, pouco explorada segundo o autor, é a **assessoria na organização política dos usuários**, voltada aos movimentos sociais, em especial da classe trabalhadora.

Importante chamar a atenção para o fato de que, nos processos de assessoria, as proposições do profissional podem ou não ser acatadas, sendo sua função apenas a proposição, conforme o que lhe foi demandado. Competirá ao contratante, por meio de sua equipe, definir acatar ou não, conforme o seu interesse. Nesse sentido, Matos (2009, p. 12) afirma que o "assessor é um sujeito propositivo, mas que só terá êxito nesta atividade se tiver interlocução com quem assessora [...] para tanto, fundamental é a adoção de estratégias de trabalho participativas".

Na assessoria também é possível que o assistente social tenha alguma influência na abertura de novos postos de trabalho, pois, nos casos em que ela não ocorre com equipes compostas por assistentes sociais, pode-se e deve-se apontar como caminhos a contratação deste profissional para a operacionalização das ações, combatendo sempre a desprofissionalização do trabalho na área social.

Para refletir

Assessoria e consultoria, são, sem dúvida, trabalhos do e para o assistente social, mas precisam ser observadas de forma crítica para evitar contribuir com as precarizações do trabalho, não confundindo essas duas atividades com a prestação de serviços executivos (de intervenção), trabalhos temporários ou outras formas de precarização na compra da força de trabalho do assistente social, as quais têm sido bem comuns.

Guerra (2010) questiona essas novas formas de contratação, tais como os cargos comissionados, consultoria e assessoria, ponderando que esse tipo de relação limita o assistente social para questionar as práticas e políticas institucionais, afirmando que essas modalidades de contratação "reduzem a capacidade dos profissionais de contraposição a essa lógica, de questionar os objetivos institucionais e de potencializar as contradições inerentes às relações sociais capitalistas" (Guerra, 2010, p. 720).

5.4 O trabalho do assistente social no processo de "refilantropização" das políticas sociais

Com o advento do Estado neoliberal, já tratado neste capítulo, a partir do final da década de 1980, ocorreu um fato chamado por Marilda Iamamoto (2015) de *refilantropização* das políticas sociais, especialmente da política de assistência social. Esse processo é caracterizado pela assunção por parte de organizações da sociedade civil (OSCs) – chamadas até então de *organizações não governamentais* (ONGs) – de serviços antes executados e ofertados pelo poder público.

> Essa tendência de deslocamento da satisfação de necessidades da esfera pública para a esfera privada ocorre em detrimento das lutas e de conquistas sociais e políticas extensivas a todos. É exatamente o legado de direitos conquistados nos últimos séculos que está sendo desmontado nos governos de orientação neoliberal [...]. Transfere-se para distintos segmentos da sociedade civil, significativa parcela da prestação de serviços sociais, afetando diretamente o espaço ocupacional de várias categorias profissionais, entre as quais os assistentes sociais. (Iamamoto, 2009, p. 22-23)

Com esse processo, novos campos de trabalho se abriram ao assistente social, muitas vezes precários, com cargas horárias reduzidas (e, por consequência, salários também reduzidos), o que nos permite observar na prática assistentes sociais vinculados a dois ou três empregos, dividindo sua carga horária semanal com atuação em várias organizações, com atividades pouco efetivas, atuando muitas vezes apenas na organização e supervisão do trabalho da instituição, deixando a execução propriamente dita para outros profissionais, muitas vezes sem a devida qualificação.

A questão do neoliberalismo no Brasil, segundo Iamamoto (2009), traz uma série de contradições à formulação e execução das políticas sociais. A autora explica que a Constituição Federal de 1988 tem como um de seus pilares principais a garantia dos direitos sociais aos cidadãos brasileiros, estabelecendo nesse bojo o tripé da seguridade social (políticas de saúde, assistência social e previdência). Para a universalização desses direitos, a Carta Magna prevê alguns pilares para a democratização das políticas sociais, sendo a descentralização e a participação popular dois deles. A mesma autora segue afirmando que essa nova configuração prevista na Constituição Federal "politiza a participação, considerando a gestão como arena de interesses que devem ser reconhecidos e negociados" (Iamamoto, 2009, p. 21).

A contradição citada está posta no fato de a Constituição Federal ampliar direitos, enquanto o neoliberalismo tensiona para a redução do Estado, e por consequência, da oferta dos serviços sociais, com a redução de recursos para essa finalidade, ratificando "a subordinação dos direitos sociais à lógica orçamentária, a política social à política econômica e subverte o preceito constitucional" (Iamamoto, 2009, p. 21).

Outra questão importante no contexto da promulgação da Constituição Federal de 1988 que movimenta o trabalho para o assistente social é a descentralização político-administrativa, citada anteriormente, de grande parte das políticas sociais básicas, dentre elas saúde e assistência social, as duas maiores áreas empregadoras de profissionais do serviço social, levando para o âmbito do município (política municipal) grande parte da execução direta dos serviços dessas áreas.

Com a criação do Sistema Único de Saúde (SUS), ainda nos anos 1990, e a mais recente organização do Sistema Único da Assistência Social (Suas), além da estratificação das políticas por níveis de

Trabalho e sociabilidade

complexidade, estabelece-se que grande parte dos serviços, em especial os básicos e os de média complexidade, passam a ter sua execução e oferta de responsabilidade do município, com cofinanciamento das demais esferas de governo, tornando o Poder Executivo municipal um dos maiores, senão o maior, empregadores de assistentes sociais, mesmo com as políticas de cunho neoliberal.

Atualmente, normativas específicas de algumas políticas sociais auxiliam na abertura e manutenção de postos de trabalho para o assistente social. Por exemplo: no contexto do Suas, a Norma Operacional Básica de Recursos Humanos, conhecida como NOB-RH, estabelece as equipes mínimas para atuação nos equipamentos que executam serviços socioassistenciais, como os Centros de Referência da Assistência Social (Cras) e Centros de Referência Especializados da Assistência Social (Creas).

Outro exemplo de normativa são as Orientações Técnicas para os Serviços de Acolhimento Institucional de Crianças e Adolescentes, publicadas conjuntamente pelo Conselho Nacional da Assistência Social (CNAS) e pelo Conselho Nacional dos Direitos da Criança e do Adolescente (Conanda), que também estabelecem equipes mínimas conforme as modalidades de atendimento (abrigo, casa lar, família acolhedora), e nessas equipes também estão inseridos os assistentes sociais. Outra situação é o Sistema Nacional de Atendimento Socioeducativo (Sinase), o qual também estabelece equipes técnicas mínimas para um determinado número de adolescentes dentro das unidades de execução de medidas socioeducativas privativas e restritivas de liberdade. A União e os estados, ao cofinanciarem políticas como essas, já vêm cobrando como critério para o repasse de recursos o cumprimento dessas normas, com a presença das equipes mínimas.

Mota (2014) afirma que nos dias de hoje, além das políticas de saúde, assistência social e direitos humanos, há também um crescimento no número de espaços de trabalho em expansão, como a abertura de postos na área da Previdência Social, emanada dos processos de trabalho atuais, os quais geram doenças relacionadas ao labor, acidentes e necessidades de requalificação para o trabalho. Outro espaço crescente, segundo a mesma autora, é o da habitação, em que programas como o "Minha Casa, Minha Vida" e outros exigem a contratação de assistentes sociais para atuar no contexto dos problemas urbanos, por meio dos Projetos de Trabalho Social (PTS). Além disso, abrem-se novos espaços em processos de desapropriação provocados por megaobras, como as do setor hidrelétrico ou de megaeventos.

A área ambiental, ainda segundo Mota (2014), também vem se constituindo em um campo para o assistente social, com a necessidade de atividades de educação social e ambiental e projetos de sustentabilidade desenvolvidos pelas áreas pública e privada. A queda na qualidade dos serviços e o enxugamento das políticas sociais básicas abrem espaço para a ação na área privada, com oferta de planos de saúde e de previdência privados, além do crescimento da rede privada de educação, todos campos nos quais o assistente social também vem sendo requisitado para intermediar as relações entre a instituição e os usuários desses serviços.

Novos espaços sócio-ocupacionais e postos de trabalho também vêm surgindo nos dias de hoje com os projetos de "responsabilidade social" praticados por empresas, as quais ofertam serviços através de programas e projetos à comunidade interna e também externa. Iamamoto (2015) afirma que esse campo de trabalho leva o assistente social a atuar na "filantropia empresarial", executada pelas organizações privadas para melhorar a sua imagem como empresa cidadã, garantindo "ampliar vendas e conquistar mercado [...] com a vantagem de usufruírem de estímulos oferecidos pelo incentivo fiscal de 2% sobre o lucro operacional" (Iamamoto, 2015, p. 127).

Fique atento!

Esses novos contextos, segundo Iamamoto (2009), trazem ao assistente social a necessidade de maior qualificação, visando se adaptar às novas exigências do mundo do trabalho. Requerem um profissional mais preparado para atuar não apenas na execução dos serviços sociais, mas também em gestão, incluindo aí os processos de planejamento e avaliação, emprestados da área da administração.

Da administração também advêm as técnicas de gestão de recursos humanos, as quais o profissional inserido na empresa precisa dominar. É preciso ter conhecimentos também sobre orçamento, em especial do ciclo orçamentário público, quando atuando na gestão nesta área. Saber elaborar peças orçamentárias (Plano Plurianual, Lei de Diretrizes Orçamentárias e Lei Orçamentária Anual) é fundamental para o **assistente social gestor**, pois somente com inclusão de suas pautas nesses instrumentos de gestão é que os programas e projetos idealizados poderão ser executados.

O assistente social precisa dominar os conhecimentos sobre participação e controle social, pois também vem sendo chamado a atuar nos conselhos setoriais e dos direitos e, para isso, precisa saber ler a conjuntura, identificar as tensões postas e propiciar uma abertura para o exercício da democracia aos cidadãos e entidades da sociedade civil organizadas que participam do processo de formulação, deliberação e avaliação das políticas sociais, visando ampliar os direitos de cidadania. Sobre o novo perfil do assistente social para o mundo do trabalho atual, Iamamoto (2009, p. 32-33) afirma:

> Orientar o trabalho nos rumos aludidos requisita um perfil de profissional culto, crítico e capaz de formular, recriar e avaliar propostas que apontem para a progressiva democratização das relações sociais. Exige-se, para tanto, compromisso ético-político com os valores democráticos e competência teórico-metodológica na teoria crítica, em sua lógica de explicação da vida social. [...] requisita, também,

um profissional versado no instrumental técnico-operativo, capaz de potencializar as ações nos níveis de assessoria, planejamento, negociação, pesquisa e ação direta, estimuladora da participação dos sujeitos sociais nas decisões [...].

Por fim, nos últimos 13 anos, em especial os 8 compreendidos entre 2003 e 2010, vemos no Brasil um compromisso da União com políticas de superação da miséria e da fome, ampliando o leque de programas e projetos financiados e cofinanciados pelo Governo Federal destinados à população em situação de pobreza. Esse compromisso fica evidenciado, segundo Behring et al. (2010), no primeiro Plano Plurianual do governo do Presidente Luiz Inácio Lula da Silva, o qual tem como objetivos centrais:

- inclusão social e redução das desigualdades sociais;
- crescimento com geração de trabalho, emprego e renda, ambientalmente sustentável e redutor das desigualdades regionais;
- promoção e expansão da cidadania e do fortalecimento da democracia.

Essas políticas têm como reflexo para a profissão de assistente social as regulamentações de equipes para estruturar as políticas públicas, em especial a da assistência social, mencionada anteriormente, que atuam diretamente sobre as expressões da questão social e que abrem e expandem campos de trabalho e dão maior importância ao trabalho do assistente social nas funções de gestão e gerência de políticas públicas, na forma de programas, projetos e gerência de equipamentos públicos.

Fique atento!

Reforçando o que já afirmamos, a profissão do assistente social é estruturada com base no contexto econômico e político no qual está inserida. Na atualidade, após a retomada do poder pelos segmentos mais vinculados à direita e ao Estado liberal e neoliberal, temos visto no Brasil o aprofundamento da crise econômica, a qual tem seus fundamentos ainda sendo estudados pelos economistas e sociólogos. Essa crise refreou a economia e gerou desemprego, ampliando a demanda pelos serviços sociais públicos.

Por outro lado, a estagnação econômica faz cair a arrecadação pública, trazendo uma redução dos investimentos em todas as áreas, ficando clara a retirada de recursos das políticas públicas, com a redução de metas de programas sociais, diminuição de repasses para os estados, para os municípios e entidades do terceiro setor que executam atividades públicas. Nesse contexto, o trabalho do assistente social vem sendo afetado com a redução dos serviços sociais que administra e o fechamento de postos de trabalho na área privada, sem que ainda possamos avaliar com precisão a dimensão que essa situação irá tomar no futuro.

Para encerrarmos este capítulo, julgamos importante trazer o debate proposto por Lessa (2012), que em sua polêmica obra *Por que serviço social não é trabalho?* alerta que a categoria dos assistentes sociais, a partir do movimento de reconceituação (década de 1980 em diante), se aproximou da teoria social marxista e posicionou-se ético-politicamente ao lado da classe trabalhadora. No entanto, segundo o autor, ao desenvolver seu trabalho no âmbito das políticas sociais, especialmente as ofertadas pelo Estado, o assistente social acabou sendo "contaminado" pela ideia de que conseguir maiores benefícios e serviços sociais para a classe trabalhadora é o mote principal da profissão, colocando em segundo plano o ideário inicial da reconceituação, que era a construção de uma nova ordem social. Apesar de, em nossa opinião, tal posição ser muito crítica e pessimista, o autor não deixa de ter razão quando afirma que ao conseguir maior espaço e mais benefícios por meio das políticas sociais, o assistente social está contribuindo para o controle social da classe trabalhadora e daqueles que vivem à margem dela.

Síntese

Neste capítulo, evidenciamos a forma com que a estrutura política e econômica interfere no trabalho do assistente social ao longo da história e que os campos de trabalho estão em constante movimento, ora caminhando para frente, ora retrocedendo, ora estagnados.

Apesar da gênese da profissão ter sido no âmbito das instituições privadas de cunho religioso, foi no Estado que a profissão se consolidou, dentro dos espaços sócio-ocupacionais, nas políticas sociais de amparo ao trabalhador. Em alguns momentos, seu papel esteve mais ligado ao controle da classe trabalhadora e, em outros, a manter em condições de trabalho e de consumo aqueles que estavam à margem do mundo do trabalho.

Até a atualidade, mesmo com a ofensiva neoliberal de redução do Estado, ele ainda é o maior empregador de assistentes sociais, inserindo esse profissional na execução do tripé da seguridade social – assistência social, previdência social e saúde –, mas também em outras políticas públicas, como as de garantia de direitos de mulheres, pessoas idosas, pessoas com deficiência, crianças, adolescentes e jovens, além de espaços na política de meio ambiente e de habitação.

Observamos também que com o advento do Estado mínimo, muitas funções públicas passaram à responsabilidade das entidades do terceiro setor, abrindo também novos espaços para o profissional do serviço social, muitas vezes com relações trabalhistas precárias. As empresas privadas também passam a desenvolver atividades de "cidadania" e "solidariedade" ao público interno e externo, caracterizando o que Iamamoto (2009, 2015) chama de *filantropia empresarial*, requerendo o trabalho do assistente social nesse campo.

Vimos também que, quando a acumulação capitalista foca a produção da riqueza com base no capital financeiro, ampliam-se o desemprego, a informalidade, os trabalhos temporários e outras formas frágeis de relação trabalhista. Assim, o trabalho do assistente social é duplamente afetado: cresce a demanda por usuários dos seus serviços e o próprio assistente social está sujeito a essas relações de trabalho precárias, tendo que se desdobrar muitas vezes em vários empregos, ser um profissional polivalente e desespecializado para sobreviver no mundo do trabalho e garantir as condições de reprodução da vida material.

Questões para revisão

1. O serviço social foi regulamentado como profissão no Brasil apenas em 1957, mas as primeiras práticas que se aproximam da profissionalização remontam ao final dos anos de 1930 no seguinte espaço sócio-ocupacional:
   a) Empresas privadas.
   b) Estado (área pública).
   c) Instituições não governamentais de caráter religioso.
   d) Conselhos setoriais e de direitos.
   e) Nos hospitais públicos.

2. A Constituição Federal de 1988 traz alguns princípios para a gestão das políticas públicas, e um deles desloca o centro da execução das políticas básicas para o âmbito do município, tornando a Administração Pública municipal um dos principais empregadores do assistente social. O princípio que provoca esse movimento é:
   a) Participação social.
   b) Controle social.
   c) Redução do aparato estatal.
   d) Descentralização político-administrativa.
   e) Ampliação do aparato estatal.

3. Sobre a constituição dos espaços sócio-ocupacionais do assistente social, é correto afirmar:

a) São imutáveis e uma vez constituídos não sofrem interferência dos contextos econômico e político.
b) Os espaços sócio-ocupacionais não apenas sofrem alterações com as mudanças econômicas e políticas, mas são estruturados por esses contextos.
c) Os espaços sócio-ocupacionais não são influenciados pelos contextos econômico e político, pois o profissional atua diretamente com o indivíduo desajustado na perspectiva de propiciar a ele reassumir a sua função na sociedade.
d) Os espaços sócio-ocupacionais são influenciados pelas realidades econômica e política, as quais incidem nas práticas dos assistentes sociais de forma pouco significativa.
e) Os espaços sócio-ocupacionais independem da conjuntura econômica e política, uma vez que a vontade e a postura dos empregadores é que influenciará nestes campos de trabalhos.

4. De acordo com Iamamoto (2009), para preparar-se para as novas exigências do mundo do trabalho, é necessário que o assistente social domine quais dimensões da profissão?
   a) Apenas a dimensão ético-política.
   b) Apenas a dimensão técnico-operativa.
   c) Apenas a dimensão teórica e conceitual.
   d) Dimensões teórico-metodológica, dimensão ético-política e técnico-operativa, de forma articulada entre elas.
   e) Apenas a dimensão teórica.

5. De que forma a adoção do Estado neoliberal no Brasil, que ganhou força a partir do final da década de 1980, alterou os espaços sócio-ocupacionais do assistente social?

Questões para reflexão

1. Marilda Iamamoto (1997), conforme explanado neste capítulo, afirma que novos espaços sócio-ocupacionais e postos de trabalho vêm surgindo na atualidade com os projetos de "responsabilidade social" praticados por empresas que ofertam serviços por

meio de programas e projetos à comunidade interna e também externa, visando a deduções fiscais e benefícios governamentais. O que você pensa sobre tais projetos? Trabalharia em um deles? Justifique sua resposta.

2. Neste capítulo tratamos de maneira mais detalhada sobre as contradições presentes no cotidiano da profissão de assistente social, especialmente no que se refere ao conflito entre os princípios do projeto ético-político e o papel esperado do assistente social, pelo capital, de contribuir para a coesão social. Viu-se que o trabalho do assistente ao garantir direitos apresenta dois vieses. Quais são eles?

Para saber mais

Para saber mais sobre a construção do serviço social na sociedade brasileira contemporânea, sugerimos a leitura da obra clássica dessa área, de Marilda Vilela Iamamotto, O serviço social na contemporaneidade: trabalho e formação profissional.

IAMAMOTO, M. V. **O serviço social na contemporaneidade**: trabalho e formação profissional. 26. ed. São Paulo: Cortez, 2015.

CAPÍTULO 6

Reflexões sobre o trabalho imaterial e sobre a autonomia do assistente social

Conteúdos do capítulo:

※ A autonomia relativa do assistente social.
※ A natureza imaterial do serviço social.

Após o estudo deste capítulo, você será capaz de:

1. dominar o conceito de *autonomia* em Kant;
2. compreender a abordagem de Karl Marx a respeito da questão da autonomia;
3. refletir sobre a questão da autonomia ou autonomia relativa do assistente social no desenvolvimento do seu trabalho;
4. distinguir trabalho *material* de *imaterial*;
5. relativizar o conceito de *natureza* em Marx;
6. reconhecer que serviço social é trabalho, mas de natureza imaterial.

Para encerrarmos este livro, propomos a reflexão sobre dois assuntos incômodos à categoria dos assistentes sociais e que permeiam suas práticas em todo espaço sócio-ocupacional em que estiver inserido. Afirmações como "o projeto ético-político do serviço social é uma falácia", "há uma dicotomia entre a teoria e a prática no serviço social", "o assistente social desenvolve um trabalho de 'enxugar gelo'" e "não há resultados no trabalho do assistente social" são fruto, na maioria das vezes, da ausência de compreensão de alguns profissionais acerca dos processos contraditórios (não no sentido negativo da contradição) que envolvem a realidade social e o mundo do trabalho, nos quais o assistente social está inserido como profissional.

É fundamental compreendermos a questão da **autonomia** no serviço social e refletirmos sobre ela, tanto do ponto de vista da autonomia dos assistentes sociais ao desenvolver suas atividades quanto do respeito à autonomia dos sujeitos atendidos. Neste capítulo, focaremos mais o primeiro caso. Como já afirmado nos dois primeiros capítulos deste livro, em que pese o aspecto pessimista de tal afirmação, **não há trabalho autônomo quando se vende força de trabalho dentro do modo capitalista de produção**.

O segundo ponto que nos propomos a debater aqui é a natureza imaterial do trabalho do assistente social, o qual muitas vezes não apresenta resultados visíveis diretos ou em curto prazo, ou então cujo resultado jamais será de conhecimento público. Ademais, quando o trabalho imaterial é também afetivo ("afetivo" no sentido de afetar ao outro e não de afeto), o resultado não depende apenas da atuação do profissional, mas também do aceite daquele que é destinatário do trabalho. Essa natureza imaterial é uma realidade e não pode ser obscurecida ou negada pelos profissionais do serviço social.

Para refletir

Se o trabalho, na teoria social marxista, é toda a transformação intencional e projetada da natureza que a modifica para que ela supra as necessidades dos seres humanos, como pode então o serviço social ser trabalho, se nada constrói de concreto, se nenhum produto visível ou palpável se obtém como produto final? O engenheiro civil ou o arquiteto projetam o seu trabalho e, ao final, podem ver a sua obra construída, a natureza transformada em casa ou prédio. E profissões como o serviço social, a psicologia e tantas outras em que o resultado não aparece da mesma forma? Mas essas profissões não geram riqueza e nem mais-valia, certo? Então não são trabalho?

Neste capítulo, vamos tentar responder a algumas dessas perguntas e gerar ainda outras mais para reflexão.

6.1 A autonomia nos espaços sócio-ocupacionais do assistente social

A questão da autonomia, tanto do profissional do serviço social quanto dos usuários dos serviços sociais administrados por ele, está posta no Código de Ética do/a Assistente Social (Resolução CFESS nº 273/1993), já no primeiro princípio fundamental da profissão, como bem aponta Barroco (2012, grifo nosso):

> I – Reconhecimento da liberdade como valor ético central e das demandas políticas a ela inerentes – **autonomia**, emancipação e plena expansão dos indivíduos sociais;

A autonomia do profissional do serviço social também está posta de forma clara, no art. 2º do referido Código (Barroco, 2012, grifo nosso):

> Art. 2º Constituem direitos do/a assistente social:
> [...]
> h – ampla **autonomia** no exercício da profissão, não sendo obrigado a prestar serviços profissionais incompatíveis com as suas atribuições, cargos ou funções

Mas, o que é autonomia?

O conceito de *autonomia*, em seu sentido ético e filosófico, surgiu no século XVIII, com o movimento iluminista, momento em que se defende a prática de uma ética de princípios pautados na racionalidade humana, dissociados dos preceitos religiosos. De acordo com Silva (2004), a principal tônica do Iluminismo era a valorização da racionalidade como possibilidade de conquista da liberdade, sendo que o agir do homem deveria estar voltado para sua vontade deliberada racionalmente, e não mais pelas verdades reveladas pela fé, impostas pela Igreja.

O filósofo que mais se destacou na construção desse conceito de autonomia foi Imannuel Kant (1724-1804), que apregoava o exercício da autonomia e da liberdade do ser humano como algo inalienável. Nas teses kantianas, a moral não poderia se fundar na fé (religião), na natureza ou nas sensações, mas, sim, na razão. Essa moralidade também não poderia se fundar no conceito maniqueísta de bem e mal, de que o homem deveria agir somente em busca de um suposto "bem". Assim, o autor funda uma nova moralidade, uma nova ética, na qual a ação do homem deveria ser orientada exclusivamente pela sua vontade.

Mas, então, cada um poderia fazer o que bem entendesse, conforme sua razão? Não, pois, para Kant, o ser humano deveria pautar a sua vontade no "agir bem". Para dar esse limite ético à vontade humana, o filósofo cria uma tese: "Age apenas segundo a máxima tal que possas ao mesmo tempo querer que ela se torne lei universal" (Kant, 2005, citado por, Silva, 2004). Em outras palavras o limite ético para uma ação é que ela possa ser generalizada a todos sem causar danos nenhum à sociedade e aos outros homens. Por exemplo, se decido roubar e essa minha conduta se transforma em norma geral, todos passariam a roubar e provavelmente ninguém conseguiria manter a posse sobre os bens roubados, pois, sucessivamente, roubaríamos uns dos outros.

Assim, Kant (2005, citado por Silva, 2004) define a autonomia, de forma bastante radical, como a capacidade humana de fazer suas próprias leis: "Aquela sua propriedade graças a qual ela é para si mesma a sua lei [...] é o fundamento da dignidade da natureza humana e de toda a natureza racional".

No entanto, para o exercício dessa autonomia, é imprescindível que o ser humano seja livre, pois Kant afirma que a liberdade é a condição primeira para o exercício da vontade humana.

Para refletir

Como falar em liberdade, em autonomia, em nossa realidade atual vivendo no modo capitalista de produção, no qual a sociedade e a ação humana, ainda que não sejam mais determinadas pelas verdades reveladas pela fé, são, no entanto, determinadas pela economia?

Essa pergunta é fundamental, pois o assistente social também atua em um ambiente determinado pelas regras do capital, tanto como sujeito (no âmbito pessoal) quanto como profissional.

Na teoria social de Marx, a discussão sobre a autonomia também está colocada. Porém, considerando que esse filósofo dedicou-se a estudar de forma crítica o modo capitalista de produção, sua abordagem sobre o tema não perpassa o princípio filosófico da determinação da "pessoa humana", mas, sim, pelas determinações que sofre o ser social.

Como vimos no segundo capítulo, Marx diferencia o homem dos demais animais ou do "homem orgânico" pela sua capacidade de transformar a natureza de forma intencional, por meio do trabalho, definindo assim que o homem é um ser social. Enquanto para Kant a consciência humana que determina a vontade perpassa integralmente pela razão, para Marx (1983, p. 24), essa consciência não é tão livre assim, pois ela é determinada socialmente: "não é a consciência dos homens que determina o seu ser social; é o ser social que, inversamente, determina a sua consciência". Os indivíduos estariam subordinados e determinados pelas leis universais vigentes, impostas pelo modo capitalista de produção. Nesse sentido, autonomia e liberdade necessárias para o seu exercício pleno estariam diretamente ligadas à questão da alienação:

> A alienação do operário exprime-se, segundo as leis nacional-econômicas, em modo tal que quanto mais o operário produz tanto menos tem para consumir, em quanto mais valores ele cria tanto mais desvalorizado e indigno se torna, em quanto mais formado o seu produto mais deformado o operário, em que quanto mais poderoso o trabalho tanto mais impotente o operário, em que quanto mais pleno de espírito o trabalho tanto mais sem espírito e servo da natureza se torna o operário. (Marx, 1983, p. 64)

Nesse contexto de alienação, Marx (1978) assumia claramente que o ser humano estaria impedido de exercer plenamente sua liberdade em razão das determinações sociais às quais está sujeito. O autor reconhece que a ação do ser social é fruto de decisões, mas que essas decisões são tomadas com base em opções impostas socialmente e determinadas pelas necessidades e finalidades do capital. Para o autor, os homens até fazem sua própria história, "mas não a fazem como querem; não a fazem sob circunstâncias de sua escolha e sim sob aquelas com que se defrontam diretamente, legadas e transmitidas pelo passado" (Marx, 1978, p. 7). Analisando esse pressuposto, Lukács (1997) complementa afirmando que o homem não faz escolhas e sim, dá respostas.

Marx e seus contemporâneos são bastante pessimistas em relação à autonomia, afirmando que seu exercício pleno somente será possível com a superação do modo capitalista de produção, a exemplo da afirmação de Lukács (1997, p. 40):

> Só quando o trabalho for efetiva e completamente dominado pela humanidade e, portanto, só quando ele tiver em si a possibilidade de ser "não apenas meio de vida", mas o "primeiro carecimento da vida", só quando a humanidade tiver superado qualquer caráter coercitivo em sua própria autoprodução, só então terá sido aberto o caminho social da atividade humana como fim autônomo.

Mas o que isso tem a ver com o serviço social? Absolutamente tudo. Como abordamos no Capítulo 4, o serviço social é trabalho e o assistente social é um trabalhador assalariado. Na condição de trabalhador assalariado, os recursos com os quais trabalha e os serviços sociais que por ele são administrados não são providos por ele mesmo, mas, sim, por seu empregador, que o faz sob a lógica dos interesses do capital. Outrossim, a profissão, desde sua gênese, atende às demandas de interesse do capital, como já mencionamos.

Nesse contexto, Iamamoto (2015) afirma que o profissional do serviço social goza de **autonomia relativa** no exercício do seu trabalho. Lagioto (2013, p. 37) concorda com Iamamoto e afirma que o assistente social goza de autonomia e liberdade técnico-profissional para desenvolver o seu trabalho:

> É importante salientar que a "autonomia técnico-profissional" não se restringe ao direito do profissional de exercer com liberdade a sua atividade profissional, apenas em sua dimensão técnico-operativa, mas o termo "técnica" se refere ao conhecimento especializado do assistente social, à sua expertise, que envolve as três dimensões do exercício profissional: a teórico-metodológica, a ético-política e a técnico-operativa, e neste sentido, particulariza a sua intervenção na divisão social e técnica do trabalho.

Portanto, embora o assistente social disponha de pouca autonomia para escolher **o que fazer** nos mais diversos espaços sócio-ocupacionais nos quais trabalha – sobretudo o que diz respeito a quanto de recursos serão investidos, a que tipo de serviços serão ofertados, a quais programas e projetos serão implantados e implementados –, esse profissional precisa gozar de absoluta autonomia na escolha de **como fazer** sua prática profissional. Assim, no desenvolvimento do seu trabalho, o assistente social é relativamente autônomo para escolher os meios (os instrumentos) para realização da sua ação.

Nos campos de trabalho inseridos no contexto capitalista, são pequenos os espaços para que o assistente social atue de forma propositiva e poucas são as chances de ter as suas proposições aceitas, uma vez que, normalmente, estarão em favor da parcela da população menos favorecida e da classe trabalhadora, e não em prol do desenvolvimento capitalista. Na área pública, além da questão econômica, a proposição de ações perpassa também pelo aspecto político (partidário e ideológico) do governo de ocasião, sendo que toda ação proposta perpassará pela pergunta: "a quem interessa?".

Embora tenha pouca autonomia para decidir sobre seu trabalho, o assistente social jamais poderá abrir mão da autonomia no seu fazer profissional, sendo inalienável a liberdade do profissional para a escolha do arcabouço teórico-metodológico, técnico-operativo e ético-político que irá permear e orientar sua prática em matérias do âmbito do serviço social. Segundo Mota (1987), é essa autonomia técnica que confere relativa autonomia à profissão.

Fique atento!

Nenhum gestor poderá orientar os rumos de um parecer técnico de um assistente social; nenhum requerente poderá dizer ao assistente social quais serão os instrumentos técnicos de que ele lançará mão para elaborar um estudo social ou uma perícia social para fins judiciais; os interesses político-partidários jamais poderão definir os padrões de trabalho do profissional do serviço social.

Se os profissionais pouco podem fazer contra as determinações sociais que estruturam o trabalho do assistente social e sua realidade, que é macroestrutural, ao menos contra as determinações e os autoritarismos presentes no exercício cotidiano profissional os assistentes sociais precisam lutar, resistir, se impor e se fazer respeitar. E isso só se faz mediante conhecimento da realidade social e institucional, domínio técnico dos assuntos relacionados ao serviço social, inclusive das leis e normas que envolvem a área, ganhando, assim, estofo e conteúdo para fazer a discussão e a problematização da questão da autonomia relativa a esse profissional.

> Orientar o trabalho profissional nos rumos aludidos requisita um profissional culto e atento às possibilidades descortinadas pelo mundo contemporâneo, capaz de formular, avaliar e recriar propostas ao nível das políticas sociais e da organização das forças da sociedade civil [...]. Mas também um profissional versado no instrumental técnico-operativo, capaz de realizar as ações profissionais, aos níveis de assessoria, planejamento, negociação, pesquisa e ação direta [...]. (Iamamoto, 2015, p. 144)

A mesma autora expõe o desafio à categoria dos assistentes sociais: "Apropriar-se da dimensão criadora do trabalho e da condição de sujeito que interfere na direção social do seu trabalho é uma luta a ser travada cotidianamente" (Iamamoto, 2015, p. 99).
Desvelar essas nuances do trabalho do assistente social é demasiado importante, pois, no cotidiano, verificamos vários profissionais frustrados e descrentes da profissão, alegando que o projeto ético-político não existe na prática, que é uma farsa. Para evitar essas posturas e convicções, é importante que o profissional compreenda o contexto no qual a profissão está inserida e, ainda mais, o contexto global social, econômico e político, em especial o econômico, que determina os sujeitos nas suas ações. Essa compreensão permite ver que esse não é um problema que afeta apenas o serviço social, mas que afeta todo o mundo do trabalho e que somente será superado quando o próprio modelo capitalista de produção for superado, o que requer determinada resiliência por parte do assistente social para seguir nos rumos de seu ofício.
Outro fator importante que demanda reflexão é o de que o projeto ético-político é uma espécie de "carta de intenções", na qual o coletivo dos assistentes sociais deixa claro qual é o norte, o rumo que orienta a ação profissional, qual a intencionalidade

(e não a intenção) desse grupo e quais são as premissas que orientam o trabalho. Entretanto, o assistente social precisa ser flexível ao pautar-se pelo projeto ético-político, compreendendo que existem forças, tensões e contradições no campo de trabalho que a todo momento tentarão desviá-lo dos rumos que quer seguir, e que algumas vezes de fato os desviarão.

É importante enfatizamos que o assistente social não provocará sozinho a ruptura com o modo capitalista de produção, e que tampouco será o agente responsável pela construção de um novo projeto societário. Essas são questões macroestruturais que requererão um processo histórico coletivo para sua superação. No entanto, podemos contribuir, principalmente, na formação da consciência de classe com a classe trabalhadora destinatária do trabalho do serviço social. É preciso entender os limites da atuação profissional e aproveitar-se de todo e qualquer espaço aberto para se inserir e tentar fazer valer os pressupostos ético-políticos da profissão. Apenas frustrar-se, diminuir ou subalternizar a profissão e tornar-se descrente dela em nada contribuirá para o processo de empoderamento da categoria.

6.2 A questão do trabalho imaterial do assistente social

Como temos reiterado desde o início deste livro, a categoria *trabalho* pressupõe qualquer atividade de transformação intencional da natureza. Afirmamos também que todo produto do trabalho tem um "valor de uso" e um "valor de troca". Gentilli (2006, p. 19) explica que o produto do trabalho do assistente social gera, primordialmente, **valores de uso** e não de troca, ou seja, "serviços que não produzem 'mais-valia', mas que participam da reprodução social de diversos segmentos de trabalhadores e de 'excluídos' sociais"

> **Para refletir**
>
> Nesse sentido, perguntamos: se todo trabalho pressupõe a transformação da natureza, se todo trabalho gera valor de troca e gera mais-valia, como então afirmamos que o serviço social é trabalho?

Vários autores, como Hardt e Negri (2005), explicam que existem duas modalidades de trabalho: o **material** e o **imaterial**, sendo o segundo aquele que gera produtos imateriais, como a informação, o conhecimento, as ideias, as imagens, os relacionamentos e os afetos. A pesquisadora da Universidade Estadual de Londrina (UEL), Sônia Mansano, é um dos expoentes brasileiros sobre o tema do trabalho imaterial, lançando mão da tese do "trabalho imaterial-afetivo". Para a autora:

> O desenvolvimento recente das sociedades capitalistas, particularmente acelerado nas últimas décadas pela produção tecnológica e informacional, colocou em destaque a emergência de todo um conjunto de categorias de trabalhadores cuja produção não pode mais ser caracterizada como exclusivamente material. [...]. Trata-se de trabalhos que envolvem outras dimensões da atividade humana, particularmente aquelas voltadas para a educação, a cultura, a geração de conhecimento, a saúde, o afeto e a sociabilidade. A emergência de novas categorias profissionais, cujo centro não se encontra na produção material, afirma-se até os dias de hoje, fazendo surgir novos modos de subjetivação entre os trabalhadores e, acreditamos também, novas relações com o próprio trabalho. (Mansano, 2009, p. 513)

Mansano (2009) e Hardt e Negri (2001) concordam que o trabalho imaterial se divide basicamente em três campos, sendo eles: **serviços simbólicos-analíticos**, os quais englobam as atividades em que se identificam os problemas, propõe-se resoluções e executam-se atividades estratégicas para mediar esses problemas. "Nesse campo, o trabalho imaterial efetua-se ao tomar em análise a complexidade presente nas sociedades contemporâneas, convocando o trabalhador a identificar, resolver e mesmo criar novos problemas" (Mansano, 2009, p. 513). Importante

observarmos que nesse campo o profissional mediará problemas comumente vinculados às esferas da produção material.

Um segundo campo de trabalho imaterial é aquele **vinculado às atividades gerais de marketing**, no qual se pretende "intervir no sentido de intermediar a relação entre o produto material e o mercado consumidor" (Mansano, 2009, p. 513). Esse campo do trabalho imaterial seria o responsável pela produção de demandas para o consumo.

O terceiro campo, do qual o serviço social está mais próximo, compreende um grande grupo de **serviços prestados por uns (os trabalhadores) e consumido por outros**, em uma relação afetiva, sobre a qual Mansano (2009) explica: ao mesmo tempo que, em sua atuação, o assistente social afeta alguém (espera-se que de maneira positiva), ele também é afetado. Sobre o trabalho imaterial-afetivo, Hardt e Negri (2001, p. 313) exemplificam e explicam:

> Serviços de saúde, por exemplo, baseiam-se essencialmente em cuidados e em trabalho afetivo, e a indústria do entretenimento está, da mesma forma, centrada na criação e manipulação do afeto. Esse trabalho é imaterial, mesmo quando físico, e afetivo, no sentido de que seus produtos são intangíveis, um sentido de conforto, bem-estar, satisfação, excitação ou paixão.

Amorim (2014) explica que o próprio Marx, em *Grundrisse* (conjunto de manuscritos de Karl Marx, escritos entre 1857-1858, nos quais o autor lançou mão de ideias e conceitos, em forma de anotações, que mais tarde dariam origem à célebre obra *O Capital*), chama a atenção para um tipo de exploração capitalista que perpassaria pelo aspecto "cognitivo", reconhecendo que a exploração do trabalho não se dava apenas na fábrica e que a valorização do capital poderia ser dar tanto sob a égide do trabalho material, quanto do imaterial.

Assim, apesar de muitos autores negarem a relação do trabalho imaterial com a produção de valores capitalistas, em nossa concepção esse tipo de trabalho está diretamente ligado à reprodução e desenvolvimento do capital, já que por meio do trabalho imaterial, em especial o afetivo, pode-se exercer o consenso entre as classes sociais, ou melhor, a coerção de uma classe sobre a outra, travestida na forma de consensos.

Muitos autores, como Lessa (2012), se opõem à noção de que serviço social é trabalho porque além de não gerar mais-valia (diretamente), não há também a transformação da natureza. Entretanto, para sustentarmos que serviço social é trabalho, precisamos ampliar o nosso conceito do que é natureza considerando a teoria social de Marx. Não podemos ficar restritos ao conceito de natureza apenas vinculado àquilo que é natural, que vem da terra, como as árvores e os animais. Trancoso (2012, p. 2, grifo nosso) afirma que para Marx a natureza não perpassa apenas pelos elementos biológicos, a saber:

> O conceito de natureza nesse pensador é dinâmico, pois implica todo conjunto de modificações que o homem exerceu sobre o meio ambiente, incluindo o social. Não há natureza fora do humano e, desse modo, a socialidade é vista como uma extensão do natural. O homem faz parte do mundo já que ele é derivado de um processo evolutivo. Ele é a natureza pensante. É através dele que ela toma consciência de si. Isto quer dizer que é por ele e nele que ela poderá ser protegida, continuada ou destruída. Como racionalista convicto, **Marx acreditava que a atuação do homem na natureza se daria pelo trabalho**, trabalho como ação modificadora do natural com uma intenção objetiva; e, ao mudar a natureza, ele mudaria a si próprio.

Isso posto, se reconhecemos que o social também é natureza e que o assistente social atua transformando essa esfera da vida, então o serviço social é, sim, trabalho. Desse modo, podemos inscrever o serviço social no rol das profissões de produção imaterial no mundo do trabalho, inscrita principalmente no campo imaterial afetivo.

Como *executor terminal das políticas sociais*, como nomina Netto (2001), o assistente social atua diretamente com a população usuária, intervindo sobre as expressões da questão social que incidem diretamente na vida dos sujeitos, tais como a violência, a negligência, o desemprego, a insegurança alimentar, entre outros, criando uma relação afetiva nesse processo de intervenção, agindo também como um educador social, com uma conotação de trabalho pedagógico. Nos espaços sócio-ocupacionais nos quais não há o contato direto com a população usuária, como os trabalhos de gestão, assessoria e consultoria, ou nos conselhos de políticas setoriais ou dos direitos, o assistente atua na produção e reprodução de conhecimento, caracterizado também como trabalho imaterial.

Bueno e Mazzeo (2010, p. 244), ao tratar da imaterialidade do trabalho do assistente social, explicam:

> A dimensão imaterial do trabalho é cada vez mais exigida à prática profissional, seja na requisição de criatividade para propor alternativas de trabalho e lidar com recursos (financeiros, técnicos e humanos) cada vez mais escassos, seja na mobilização de subjetividade para a tomada de decisões e processamento das demandas postas, de modo a viabilizar o fortalecimento do projeto ético-político. [...] o trabalho do assistente social é cada vez mais qualificado por sua dimensão imaterial, posto que este profissional lida diretamente com a produção e a reprodução de subjetividade, ou seja, com a produção e reprodução da própria vida. [...] o Serviço Social é calcado pela (re)produção de valores, uma vez que, através da sua imaterialidade, permite produzir desejos, necessidades e interesses. Nesse contexto, a dimensão afetiva do trabalho torna-se estratégica. [...] por meio de investimentos afetivos o profissional pode se aproximar da população usuária, permitindo o conhecimento criterioso de suas condições de vida e de suas reais necessidades.

Por que insistimos tanto no caráter imaterial do trabalho do assistente social? Ora, porque acreditamos ser importante desvelar essa imaterialidade do nosso trabalho, o qual não tem um resultado ou um produto material, palpável e direto, evitando que o assistente social crie expectativas de ver, em seus mais variados espaços sócio-ocupacionais, resultados e produtos diretos do seu trabalho, como o arquiteto, por exemplo, que vê pronta a casa que ele projetou. As profissões que produzem trabalhos materiais também têm um lado de imaterialidade. Já as profissões que executam trabalhos imateriais dificilmente terão produtos materiais.

A título de exemplo, vejamos as profissões na área de engenharia civil ou arquitetura: produz-se um projeto no campo do trabalho imaterial, traduzindo os anseios e desejos do demandante da obra, mas esse projeto "sai do papel" e transforma-se em um objeto material, na forma de uma casa, prédio ou escritório.

No caso das atividades predominantemente imateriais, como a do serviço social, dificilmente o produto desse trabalho – ou um resultado concreto dele – aparecerá aos olhos do profissional, até porque, muitas vezes, o trabalho afetivo depende da vontade e da abertura do interlocutor em se deixar afetar pelo outro.

A ausência de compreensão sobre essa imaterialidade e a necessidade de resultados objetivos numa profissão que é repleta de subjetividades fazem com que alguns profissionais sintam-se frustrados, questionem as suas próprias competências e desmereçam a profissão, como é possível ouvir de alguns profissionais: "o assistente social só serve para enxugar gelo". Tal afirmação deposita uma descrença em relação à validade e à utilidade da profissão, fomentando, inclusive, a falsa ideia de que qualquer pessoa pode fazer o trabalho que um assistente social faz.

O empoderamento e o reconhecimento da importância da profissão dependem exclusivamente da postura e da competência do coletivo de profissionais e da imagem que estes construirão **no** e **para** o mundo do trabalho. Esse empoderamento somente será factível quando toda a categoria conseguir problematizar as contradições e tensões presentes no bojo da própria profissão e dos espaços sócio-ocupacionais. Isso não implica ter uma visão pessimista acerca da profissão, mas, sim, uma visão real, entendendo que o trabalho do assistente social atende às demandas do capital, que esse trabalho não é material – mas é trabalho –, que a autonomia colocada no plano intencional do projeto ético-político é uma autonomia relativa e que a superação dessas condições que estruturam o trabalho do assistente social e suas práticas profissionais não dependem exclusivamente do coletivo dos assistentes sociais.

Síntese

Neste último capítulo, trabalhamos dois pontos polêmicos e pouco problematizados sobre o trabalho do assistente social: a relativa autonomia do profissional e a imaterialidade do trabalho na área de serviço social.

Apresentamos o conceito filosófico de autonomia pautado em Imannuel Kant e o conceito mais moderno de autonomia, ou melhor, de ausência dela, apregoado por Karl Marx e seus contemporâneos, os quais acreditam que no modo capitalista de produção o homem não pode ser totalmente livre e autônomo, uma vez que suas decisões estarão socialmente determinadas pelas necessidades e interesses do capital. Com base nesse pressuposto, concluímos que o assistente social dispõe de uma **relativa autonomia** de trabalho, pois, como trabalhador assalariado, não lhe é permitido decidir **o que fazer**, mas goza de autonomia do ponto de vista técnico-operativo, cabendo somente ao profissional a decisão do **como fazer**, de quais instrumentos e técnicas próprias do serviço social lançará mão para desenvolver o seu trabalho.

Refletimos também sobre a alocação do trabalho do assistente social no rol dos trabalhos considerados imateriais, em que não há um produto palpável como resultado da atividade. Ressaltamos que o reconhecimento dessa condição de trabalho imaterial-afetivo evita que o assistente social se frustre diante das pressões do mundo do trabalho que geram expectativas de um trabalho que apresente resultados objetivos e imediatos.

Ao atuar na oposição entre capital e trabalho, especificamente no enfrentamento das expressões causadas por essa contradição, o assistente social se envolve em um campo que, por sua natureza, é contraditório, conforme explica Iamamoto (2013). Essa contradição ocorre porque o assistente social atua diretamente nas demandas advindas do capital, que atendem aos anseios dos proprietários dos modos de produção, mas também, simultaneamente, nas demandas dos trabalhadores, visto que ao atender aos primeiros, acabam também por atender aos segundos. Nesse sentido, precisamos observar as contradições existentes nesse processo – capital e trabalho. No entanto, no cotidiano do trabalho, não podemos colocar essa contradição em polos opostos, pois, ao tempo que se contribui para reproduzir o antagonismo entre as duas classes, as respostas dadas pelo assistente social também atendem às necessidades, aos direitos e aos anseios da classe trabalhadora.

Questões para revisão

1. Immanuel Kant, filósofo iluminista, propôs uma nova moral pautada em um princípio diferente do que até então vinha sendo apregoado. No que se funda a tese kantiana sobre a autonomia e a autodeterminação humana?

   a) Kant apregoa que a autonomia é o exercício da vontade orientada racionalmente.

   b) Kant estabelece que a autonomia é a expressão da vontade orientada pelos princípios religiosos.

   c) Kant estabelece que autonomia é o exercício da vontade orientada pelos princípios da natureza e pelas sensações.

   d) Kant define que a autonomia é exercício da vontade orientada pelo binômio *bem e mal*.

   e) Kant define a autonomia como sinônimo do conceito de livre arbítrio.

2. Karl Marx, bem como Lukács, têm uma visão diferenciada quanto ao exercício pleno da **liberdade** e da **autonomia** na sociedade capitalista. Como a teoria social marxista compreende esses dois pontos?

   a) Assim como Kant, Marx e Lukács afirmam que o homem pode exercer livremente sua autonomia, considerando a vontade orientada racionalmente.

   b) Marx e Lukács relativizam o exercício pleno da liberdade e da autonomia, pois no modo capitalista de produção a consciência humana é socialmente determinada e o homem é alienado, expropriado do produto do seu próprio trabalho, assim como as opções postas para a escolha são pautadas nos interesses do capital.

Trabalho e sociabilidade

c) Marx e Lukács relativizam o exercício pleno da liberdade e da autonomia, afirmando que o homem não pode ser autônomo porque está determinado pelos princípios religiosos.

d) Marx e Lukács concordam que na vida pessoal os homens podem exercer a autonomia e a liberdade, mas que no âmbito do trabalho esta autonomia fica prejudicada porque é trabalhador assalariado.

e) Marx e Lukács concordam que, apesar de o homem não ser livre no que se refere ao aspecto do trabalho, pois não é dono do produto do seu próprio trabalho, ele ainda goza do livre arbítrio, que se refere ao fazer orientado pelos seus valores.

3. Iamamoto afirma que os profissionais do serviço social têm uma relativa autonomia. De que forma se dá essa autonomia?

a) Os assistentes sociais têm relativa autonomia porque podem interferir apenas nos recursos que financiarão as atividades por ele desenvolvidas.

b) A relativa autonomia dos assistentes sociais se dá no campo das decisões estratégicas sobre quais políticas e serviços sociais serão criados e ofertados como resposta às expressões da questão social nas quais a instituição atua.

c) A relativa autonomia do assistente social se dá pelo fato de ele poder definir o "como fazer", gozando de autonomia técnico-profissional sobre os métodos e instrumentos que irá aplicar para desenvolver o seu trabalho.

d) A relativa autonomia significa que o assistente social pode exercer plenamente a sua autonomia em todos os aspectos de sua atuação profissional, existindo, portanto, uma autonomia plena.

e) A relativa autonomia refere-se ao fato de o assistente social poder interferir, quando atuando em conselhos de políticas setoriais, nas decisões acerca da aplicação dos recursos públicos.

4. De acordo com o que foi estudado neste capítulo, defina _trabalho imaterial_.

5. Explique por que o trabalho do assistente social pode ser considerado imaterial.

Questões para reflexão

1. Ouça a canção "O meio", de Luiz Tatit. Perceba que a letra dessa composição pode ser aplicada ao serviço social e às contradições inerentes à profissão. Escreva um texto relacionando a mensagem contida nessa letra à atuação do assistente social.

2. Um assistente social coordenava um programa estadual que consistia em repasse de pisos de financiamento para alguns municípios para execução de atividades em prol de famílias em situação de alta vulnerabilidade, visando promover a autonomia dessas famílias. Com base em um diagnóstico pautado em dados do censo demográfico, do Censo Suas, do Cadastro Único, do Índice de Desenvolvimento Humano (IDH), do Mapa da Violência, entre outros, foi estabelecido um *ranking* de municípios prioritários para receber o referido repasse de recursos. Este *ranking* foi aprovado e validado pelo conselho setorial responsável pela política de assistência social. Num primeiro momento, os dez municípios mais bem colocados nesse *ranking* foram beneficiados. Em razão de um superávit na receita do estado, houve a disponibilização de uma cota maior de recursos, permitindo o cofinanciamento de mais cinco municípios, que deveriam ser os cinco próximos do *ranking* estabelecido com base em critérios técnicos.

   Ocorreu que o gestor da política de assistência social, o qual tinha determinada vinculação político-partidária, solicitou ao assistente social coordenador do programa que um dos cinco municípios a serem beneficiados fosse uma cidade cujo prefeito era aliado político do governo, mas que sequer apareceu no *ranking* entre as primeiras cinquenta posições. Ou seja, não era um município prioritário. Foi solicitado a esse assistente social que fizesse um estudo sobre o referido município, na intenção de elaborar uma justificativa a ser apresentada no conselho setorial e para ser dada aos municípios mais bem colocados do *ranking*, os quais certamente questionariam o cofinanciamento a um município que não estava nas primeiras posições.

O que você faria no lugar desse assistente social? Escolha uma entre as opções expostas a seguir, justifique sua escolha e aponte as possíveis consequências dela.

a) Se recusaria a realizar tal estudo e a construir uma justificativa para burlar os critérios técnicos estabelecidos no programa.

b) Realizaria o estudo e tentaria construir uma justificativa, mas se recusaria a apresentá-la ao conselho setorial e aos demais municípios, deixando essa exposição a cargo do gestor.

c) Realizaria o estudo, construiria uma justificativa e a defenderia publicamente, compreendendo que na área pública estatal as forças político-partidárias estarão sempre tensionando o trabalho do assistente social.

Para saber mais

SILVA, C. A. A. da. O sentido da reflexão sobre autonomia no Serviço Social. Serviço Social em Revista, Londrina, v. 6, n. 2, 2004. Disponível em: <http://www.uel.br/revistas/ssrevista/c_v6n2_carla.htm>. Acesso em: 12 mar. 2019.

Neste capítulo tratamos apenas da questão da autonomia do assistente social no exercício de seu trabalho, mas há também a questão do respeito à autonomia dos usuários dos serviços sociais administrados pelos assistentes sociais. É possível saber mais sobre esse assunto, lendo este artigo:

Estudo de caso

Um estado brasileiro criou uma lei que determina gratuidade do transporte intermunicipal para pessoas com deficiência ou com doença crônica que necessitem de deslocamento de suas cidades para realização de tratamentos contínuos ou acompanhamentos em saúde. Entretanto, na lei estadual consta a exigência de comprovação da situação de pobreza a ser atestada por profissional do serviço social.

Quando iniciada a execução do programa, estabeleceu-se um fluxo no qual a pessoa interessada ou seu tutor/curador deveria encaminhar à administração central uma série de documentos comprobatórios da situação de saúde e social, entre os quais o atestado de pobreza. No caderno de orientações do programa e no sítio eletrônico do órgão gestor da política, havia a orientação de que deveria ser procurado o Centro de Referência da Assistência Social (Cras) do município de residência do interessado para obtenção do referido atestado.

Grande parte dos assistentes sociais dos Cras, cientes de suas atribuições e das orientações do conjunto Conselho Regional de Serviço Social/Conselho

Federal de Serviço Social (Cress/CFESS) que recomendam que o assistente social não emita atestados ou declarações de pobreza, com base em princípios legais previstos na Constituição Federal, no Código Civil Brasileiro e na Lei Orgânica da Assistência Social, os assistentes sociais dos municípios passaram a se recusar a emitir tais documentos, gerando uma polêmica entre os usuários dos serviços, os quais em muitos casos entenderam que o profissional estava lhes cerceando o direito de acessar um benefício.

A situação foi levada até o conselho estadual dos direitos da pessoa com deficiência daquele estado, o qual emitiu uma resolução determinando que os assistentes sociais dos Cras assinassem o atestado de pobreza exigido na lei.

Com as sucessivas negativas dos profissionais, o órgão gestor da política passou a buscar um profissional do serviço social para atuar no programa de concessão do benefício do transporte intermunicipal gratuito. Os servidores concursados do órgão também se recusaram a emitir o referido documento. Cientes de questões pessoais pelas quais passava um dos profissionais do quadro em relação a problemas financeiros, o órgão gestor ofereceu-lhe um cargo comissionado de valor significativo que se somaria ao salário para que ele assumisse o trabalho no programa, sem lhe ser avisado de que seria inerente à sua nova função a emissão do atestado de pobreza.

Depois de nomeado e já com a gratificação implantada em seu salário, o profissional foi comunicado pelo gestor de que seria de sua responsabilidade a emissão do atestado de pobreza e que se não assinasse, os usuários teriam o acesso ao seu direito de transporte gratuito cerceado e que o cargo comissionado o vinculava politicamente ao gestor, devendo o assistente social cumprir a ordem que lhe foi dada.

Considerando que o assistente social é um trabalhador assalariado, com relativa autonomia e que conta com um projeto ético-político orientador da profissão, o que você faria no lugar desse servidor? Quais seriam as consequências de sua escolha, já que nesse caso não haverá uma resposta totalmente certa ou totalmente errada, mas sim alternativas de atuação com consequências com as quais o profissional terá de arcar?

Para concluir...

Ao concluirmos esta obra, queremos deixar claro que o debate sobre os temas abordados não se encerra aqui, pelo contrário, em muitos casos o debate se inicia justamente após a leitura destas páginas.

Uma vez demonstrada teoricamente a importância do trabalho para o desenvolvimento humano, podemos avançar para o entendimento de processos de desenvolvimento econômico em determinados contextos históricos.

Essa é uma reflexão necessária para o conjunto dos profissionais que estejam interessados em avançar nos estudos acerca da inserção do serviço social no mundo do trabalho. O contexto brasileiro é um produto de múltiplas determinações anteriores e disputas, e é necessário compreendê-las para apropriar-se cada vez mais da realidade e transformá-la.

Os processos e relações que se desenvolvem por meio do trabalho são fundamentais para a compreensão da humanidade – bem como do serviço social como profissão –, inserida na divisão sociotécnica do trabalho.

Compreender o trabalho dentro do sistema capitalista auxilia também no entendimento dos grandes males da sociedade, em especial da sociedade brasileira, que teve seu processo de industrialização atrasado e diversos momentos nos quais os processos democráticos foram interrompidos (em especial a ditadura militar, de 1964 até 1985). Do mesmo modo, compreender o mundo do trabalho e refletir sobre ele nos apoia no entendimento dos movimentos da sociedade brasileira, como o que estamos vivendo na atualidade, em que sempre que alguém precisa ser sacrificado em nome do capital, este será o trabalhador, por meio da redução e da retirada dos seus direitos.

Acreditamos que após a leitura deste livro tenha ficado evidente que trabalho, emprego e prática profissional são elementos bastante distintos. Aqui propusemo-nos a falar sobre o trabalho como categoria dentro da teoria social marxista, categoria fundante do ser social e que, por meio dela, se organiza a sociedade contemporânea. Por meio do trabalho, não garantimos somente a reprodução da nossa vida material, mas, primordialmente, garantimos a nossa reprodução social.

O serviço social se dedica à classe trabalhadora como profissão, garantindo até mesmo nos princípios fundamentais do seu código de ética tal compromisso, expressamente estampado no projeto ético-político da profissão. No entanto, percebe-se que no cotidiano os profissionais pouco se questionam enquanto trabalhadores. Nestas páginas, esperamos ter dado elementos para iniciar a construção de respostas para perguntas como: Que profissão é essa? Qual o seu papel no mundo do trabalho? A quem o serviço social serve?

Como bem salientamos no desenvolvimento do livro, os assistentes sociais precisam devencilhar-se da visão endógena da profissão, do entendimento de que a profissão se encerra em si mesma, no projeto ético-político, em sua teoria, sua metodologia e seus instrumentos técnico-operativos. O serviço social está no mundo do trabalho como profissão e também atua nesse mesmo âmbito em favor da classe trabalhadora. Na condição de trabalhadores, os assistentes sociais estão sujeitos também aos retrocessos, à terceirização e a outras precarizações das condições de trabalho, como retiradas de direitos, arrochos salariais, mandos e desmandos políticos partidários e em favor do interesse do capital. Compreender-se nesse contexto como assistente social e trabalhador é fundamental para uma melhor atuação e para lidar com situações do cotidiano que desmotivam e frustram o profissional, quando muitas vezes sua autonomia não pode ser exercida de forma plena.

Esperamos que este livro tenha contribuído para incentivar o debate e a reflexão acerca desses temas e, em especial, seja instigante para a continuidade dos estudos e debates.

Referências

AMORIM, H. O trabalho imaterial em discussão: teoria e política. **Caderno CRH**, Salvador, v. 27, n. 70, jan./abr. 2014.

ANTUNES, R. **Adeus ao trabalho?** Ensaio sobre as metamorfoses e a centralidade do mundo do trabalho. São Paulo: Cortez, 2015.

ARENDT, H. **A condição humana**. 11. ed. Rio de Janeiro: Forense Universitária, 2014.

BARROCO, M. L. S. **Código de Ética do/a Assistente Social comentado**. São Paulo: Cortez, 2012.

BEHRING, E. R. et al. O plano plurianual do governo Lula: um Brasil de todos? In: FREIRE, L. M. B.; FREIRE, S. de M.; CASTRO, A. T. B. (Org.). **Serviço social, política social e trabalho**: desafios e perspectivas para o século XXI. 3. ed. São Paulo: Cortez; Rio de Janeiro: Ed. da Uerj, 2010. p. 139-157.

BOTTOMORE, T. **Dicionário do pensamento marxista**. 2. ed. Rio de Janeiro: Zahar, 2012.

BRASIL. Lei n. 8.662, de 7 de junho de 1993. **Diário Oficial da União**, Poder Legislativo, Brasília, DF, 8 jul. 1993. Disponível em: <http://www.planalto.gov.br/ccivil_03/leis/L8662.htm>. Acesso em: 13 mar. 2019.

_____. Lei n. 9.394, de 20 de dezembro de 1996. **Diário Oficial da União**, Poder Legislativo, Brasília, DF, 23 dez. 1996. Disponível em: <http://www.planalto.gov.br/ccivil_03/LEIS/l9394.htm>. Acesso em: 13 mar. 2019.

BRAVERMAN, H. **Trabalho e capital monopolista**: a degradação do trabalho no século XX. Rio de Janeiro: LTC, 2015.

BUENO, M.; MAZZEO, T. Trabalho e Serviço Social na era pós-fordista. **Lugar Comum**, n. 23-24, p. 239-245, jun. 2010.

CAVALCANTE, I. G.; OLIVEIRA, I. C. S. **Administração e planejamento em serviço social**. Aracaju: Uniti, 2011. Disponível em: <http://pt.slideshare.net/edgarmartins2014/adm-e-planejamento-em-servio-social>. Acesso em: 13 mar. 2019.

COMTE-SPONVILLE, A. **Dicionário filosófico**. São Paulo: M. Fontes, 2003.

CUNHA, A. G. da. **Dicionário etimológico da língua portuguesa**. 4. ed. rev. Rio de Janeiro: Lexicon, 2010.

DALA POLA, K.; COLMÁN, E. Serviço social e trabalho. **Emancipação**, Ponta Grossa, v. 7, n. 2, p. 65-76, 2007. Disponível em: <http://www.revistas2.uepg.br/index.php/emancipacao/article/view/98/96>. Acesso em: 13 mar. 2019.

DURKHEIM, E. **Da divisão do trabalho social**. São Paulo: M. Fontes, 2004.

ENGELS, F. **A origem da família, da propriedade privada e do Estado**. São Paulo: Lafonte, 2012.

_____. **O papel do trabalho na transformação do macaco em homem**. 4. ed. Rio de Janeiro: Global, 1990.

FALEIROS, V. de P. O Serviço Social no mundo contemporâneo. In: FREIRE, L. M. B.; FREIRE, S. de M.; CASTRO, A. T. B. (Org.). **Serviço social, política social e trabalho**: desafios e perspectivas para o século XXI. 3. ed. São Paulo: Cortez; Rio de Janeiro: Ed. da Uerj, 2010. p. 23-44.

FREDERICO, C. **O jovem Marx**: 1843-1844 – as origens da ontologia do ser social. 2. ed. São Paulo: Expressão Popular, 2009.

FROMM, E. **Conceito marxista do homem**. Rio de Janeiro: Zahar, 1970.

GENTILLI, R. **Representações e práticas**: identidade e processo de trabalho no serviço social. São Paulo: Veras, 2006.

GOERK, C.; VICCARI, E. M. Assessoria: processo de trabalho do Serviço Social. **Textos & Contextos**, n. 3, ano 3, p. 1-10, dez. 2004. Disponível em: <http://revistaseletronicas.pucrs.br/ojs/index.php/fass/article/view/990/770>. Acesso em: 13 mar. 2019.

GUERRA, Y. A formação profissional frente aos desafios da intervenção e das atuais configurações do ensino público, privado e a distância. **Serviço Social & Sociedade**, São Paulo, n. 104, p. 715-736, out./dez. 2010.

HARDT, M.; NEGRI, A. **Império**. Rio de Janeiro: Record, 2001.

_____. **Multidão**: guerra e democracia na era do império. Rio de Janeiro: Record, 2005.

HARVEY, D. **Condição pós-moderna**: uma pesquisa sobre as origens da mudança cultural. São Paulo: Loyola, 2008.

IAMAMOTO, M. V. **O Serviço Social na contemporaneidade**: dimensões históricas, teóricas e ético-políticas. Fortaleza: CRESS-CE, 1997.

_____. **O Serviço Social na contemporaneidade**: trabalho e formação profissional. 26. ed. São Paulo: Cortez, 2015.

_____. Os espaços sócio-ocupacionais do assistente social. In: CFES – Conselho Federal de Serviço Social. ABEPSS – Associação Brasileira de Ensino e Pesquisa em Serviço Social. **Serviço Social**: direitos sociais e competências profissionais. Brasília, 2009, não paginado.

_____. **Renovação e conservadorismo no serviço social**: ensaios críticos. 13. ed. São Paulo: Cortez, 2013.

_____. **Serviço social em tempo de capital fetiche**: capital financeiro, trabalho e questão social. 4. ed. São Paulo: Cortez, 2010.

LAGIOTO, N. Autonomia profissional × trabalho assalariado: exercício profissional do assistente social. **Revista Conexão Geraes**, Belo Horizonte, n. 3, p. 37-42, jul./dez. 2013.

LESSA, S. **O processo de produção/reprodução social**: trabalho e sociabilidade. Capacitação em Serviço Social e Política Social, Módulo 2. Brasília: CEAD-UNB, 1999. p. 20-33.

_____. **Para compreender a ontologia de Lukács**. 4. ed. Maceió: Coletivo Veredas, 2016.

_____. **Serviço Social e Trabalho**: porque o Serviço Social não é trabalho. 2. ed. São Paulo: Instituto Lukács, 2012.

LUKÁCS, G. As bases ontológicas do pensamento e da atividade do homem. Tradução de Carlos Nelson Coutinho. **Temas de Ciências Humanas**, n. 4, p. 1-18, 1978.

_____. As bases ontológicas do pensamento e da atividade do homem. In: Núcleo de Estudos e Aprofundamento Marxista. **Ontologia social, formação profissional e política**. São Paulo: PUC-SP, 1997. p. 8-44. v. 1.

MANSANO, S. R. V. O trabalho imaterial afetivo na área da saúde. **Revista Perspectivas em Psicologia**, Uberlândia, v. 11, p. 86-92, maio 2014.

_____. Transformações da subjetividade no exercício do trabalho imaterial. **Revista Estudos e Pesquisas em Psicologia**, Londrina, v. 9, n. 2, p. 512-524, 2009.

MARX, K. **Contribuição à crítica da economia política**. 2. ed. São Paulo: M. Fontes, 1983.

_____. Manuscritos económico-filosóficos: terceiro manuscrito. In: GIANOTTI, J. A. (Org.). **Manuscritos econômico-filosóficos e outros textos escolhidos**. 2. ed. São Paulo: Abril Cultural, 1978. p. 1-48. (Coleção Os Pensadores).

_____. **Manuscritos econômicos-filosóficos**. São Paulo: M. Claret, 2011.

_____. **O Capital**: crítica da economia política. São Paulo: Boitempo, 2013. Livro I: O processo de produção do capital.

MATOS, M. C. de. Assessoria, consultoria, auditoria e supervisão técnica. In: CFES – Conselho Federal de Serviço Social. ABEPSS – Associação Brasileira de Ensino e Pesquisa em Serviço Social. **Serviço Social**: direitos sociais e competências profissionais. Brasília, 2009. Não paginado.

MICELI, P. **As revoluções burguesas**. 22. ed. São Paulo: Atual, 2005.

MOTA, A. E. **O feitiço da ajuda**: as determinações do serviço social na empresa. São Paulo: Cortez, 1987.

_____. Espaços ocupacionais e dimensões políticas da prática do assistente social. **Serviço Social e Sociedade**, São Paulo, n. 120, p. 694-705, out./dez. 2014.

NETTO, J. P. **Capitalismo monopolista e serviço social**. São Paulo: Cortez, 1992.

_____. **Ditadura e serviço social**: uma análise do serviço social no Brasil pós-64. 5. Ed. São Paulo, Cortez, 2001.

SANTOS, F. E. S. et al. Os novos espaços sócio-ocupacionais do assistente social na realidade sergipana. Cadernos de graduação: ciências humanas e sociais, Aracaju, v. 1, n. 17, p. 157-174, out. 2013.

SCHAFF, A. **O marxismo e o indivíduo**. Rio de Janeiro: Civilização Brasileira, 1967.

SILVA, C. A. A. da. O sentido da reflexão sobre autonomia no serviço social. **Serviço Social em Revista**, Londrina, v. 6, n. 2, 2004.

TRANCOSO, A. A natureza de Karl Marx. **Revista Ecológico**, 31 ago. 2012. Disponível em: <http://www.revistaecologico.com.br/materia.php?id=53&secao=722&mat=803>. Acesso em: 8 abr. 2018.

WOOD JR., T. Fordismo, Toyotismo e Volvismo: os caminhos da indústria em busca do tempo perdido. **Revista de Administração de Empresas**, São Paulo, n. 32, p. 6-18, 1992.

Respropostas

Trabalho e sociabilidade

Capítulo 1

Questões para revisão

1. d.

a) Incorreta. Engels deixa claro que o desenvolvimento das mãos é essencial para a alimentação, caça, defesa e trabalho. Seu desenvolvimento é fruto de milhares de anos de trabalho.

b) Incorreta. A questão se refere a um primeiro momento da evolução humana. Cita-se o período de industrialização e o termo *somente*.

c) Incorreta. O período feudal não é o primeiro momento de evolução e Engels não afirma que as mãos são importantes **somente** para a domesticação de animais.

d) Ao comparar a mão do macaco e o desenvolvimento da mão humana, Engels afirma que essas diferenças demonstram como milhares de anos de evolução física das mãos através do trabalho são essenciais para o desenvolvimento dos seres humanos.

e) Incorreta. O autor afirma que essas diferenças demonstram como milhares de anos de evolução física das mãos por meio do trabalho foram essenciais para o desenvolvimento dos seres humanos.

2. d.

a) Incorreta. O trabalho é, antes de tudo, um processo entre o homem e a natureza, processo em que o homem, por sua própria ação, medeia e regula e controla seu metabolismo com a natureza. Dessa forma, não cabe nenhum tipo de reducionismo do conceito.

b) Incorreta. O trabalho é um processo entre o homem e a natureza, toda a natureza.

c) Incorreta. Esse é um conceito formulado por Friedrich Engels, não por Karl Marx, dessa forma, essa alternativas está incorreta.

d) Este é o conceito contido no livro *O Capital: crítica da economia política*, escrito por Karl Marx.

e) Incorreta. Karl Marx escreve sobre o desenvolvimento humano antes mesmo da comercialização de produtos.

3. b.

a) Incorreta. Desenvolvimento das potencialidades humanas é o inverso de alienação.

b) Neste livro, utilizamos os conceitos de *alienação* de diversos autores. Na Seção 1.4 (alienação), sintetizamos o conceito como coisificação e reificação das relações e do próprio ser humano, pois, alienado, o trabalhador não se identifica como agente do processo que executa, vivenciando e experimentando passivamente o mundo, é um sujeito separado do objeto.

c) Incorreta. A imprensa pode até ajudar na alienação dos trabalhadores, porém, não é o conceito que trabalhamos nesta obra.

d) Incorreta. Esse é um conceito que pode ser encontrado na área do direito e da administração, mas não é o abordado neste livro.

e) Incorreta. A tensão entre capital e trabalho não define o conceito de alienação em Marx.

4. e.

a) Incorreta. No início dessa alternativa, a divisão do trabalho é definida como um processo "administrativo" sendo que ela é um processo "cultural humano".

Trabalho e sociabilidade

b) Incorreta. No início dessa alternativa, a divisão do trabalho é definida como um "método científico", mas ela é um processo "cultural humano".

c) Incorreta. No início dessa alternativa, a divisão do trabalho é definida como uma "área da economia", mas trata-se de um processo "cultural humano".

d) Incorreta. No início dessa alternativa, a divisão do trabalho é definida como um "processo educacional", mas trata-se de um processo "cultural humano".

e) Correta. Conforme afirmamos no capítulo, a divisão social do trabalho é um processo cultural humano de desenvolvimento e organização societária que auxilia no aumento de produção, organização e ordenamento das tarefas de sobrevivência de uma dada sociedade em um primeiro momento da história.

5. d.

a) Incorreta. A alternativa cita "a criação das empresas multinacionais e trabalho assalariado", quando a resposta correta é "a criação da propriedade privada e a divisão social do trabalho".

b) Incorreta. A alternativa cita "a criação da escravidão e comércio intercontinental" quando a resposta correta é "a criação da propriedade privada e a divisão social do trabalho".

c) Incorreta. A alternativa cita "a criação dos direitos trabalhistas e regulamentação das empresas" quando a resposta correta é "a criação da propriedade privada e a divisão social do trabalho".

d) Correta. Conforme afirmamos no capítulo, "a luta de classes tem início com a propriedade privada e a divisão social do trabalho".

e) Incorreta. A alternativa cita "a criação da propriedade coletiva e a divisão social do trabalho" quando a resposta correta é "a criação da propriedade privada e a divisão social do trabalho".

Capítulo 2

Questões para revisão

1. d.

a) Incorreta. A filosofia clássica, conforme consta no capítulo, não considera a ontologia o estudo da "sociedade como sociedade" e sim do "ser como ser".

b) Incorreta. A filosofia clássica, conforme consta no capítulo, não considera a ontologia o estudo do "ser como sociedade" e sim do "ser como ser".

c) Incorreta. A filosofia clássica, conforme consta no capítulo, não considera a ontologia o estudo do "coletivo como ser", e sim do "ser como ser".

d) Correta. Conforme consta no capítulo, na filosofia clássica, o conceito de ontologia pode ser entendido como o estudo do "ser como ser" (Comte-Sponville, 2003, p. 424), refletindo ainda de forma muito idealizada sobre os seres humanos e pouco refletida a partir das ações da vida concreta desses indivíduos. Dessa forma, tornou-se necessário um estudo do "ser como ser" por meio da sua realidade concreta, analisando a materialidade do seu processo histórico.

e) Incorreta. A filosofia clássica, conforme consta no capítulo, não considera a ontologia o estudo da "alma do ser humano" e sim do "ser como ser".

2. e.

a) Incorreta. No capítulo, Lessa define *intentio obliqua* como "pulsão que interpreta a realidade justamente de outra forma" e a alternativa apresenta o conceito como "conciliação que interpreta a realidade fazendo com que a mesma faça uma mediação de interesses diferentes".

1. b) Incorreta. No capítulo, Lessa define *intentio obliqua* como "pulsão que interpreta a realidade justamente de outra forma", e a alternativa apresenta o conceito como "teoria filosófica que interpreta a realidade".

c) Incorreta. No capítulo, Lessa define *intentio obliqua* como "pulsão que interpreta a realidade justamente de outra forma", e a alternativa apresenta o conceito como "pulsão que interpreta a realidade da forma como ela é".

d) Incorreta. No capítulo, Lessa define *intentio obliqua* como "pulsão que interpreta a realidade justamente de outra forma", e a alternativa apresenta o conceito como "metodologia científica que interpreta a realidade justamente de outra forma".

e) Correta. Conforme consta no capítulo, Lessa (2016), em sua leitura de Lukács e de Hartman, afirma que a *intentio obliqua* é uma pulsão que interpreta a realidade justamente de outra forma, submetendo os seres humanos a uma condição ampliada de exploração e desumanização, servindo como lógica interpretativa de ontologias fictícias.

3. a.

a) Correta. Esse é exatamente o conceito do autor escrito no livro *O processo de produção/reprodução social: trabalho e sociabilidade*, conforme trabalhado na Seção 2.7 deste livro.

b) Incorreta. A totalidade social não é parcial nem desconectada da relação histórica.

c) Incorreta. A totalidade não pode ser apenas parte, e sim, o todo, conectado por relações humanas e contexto histórico.

d) Incorreta. Como a totalidade não pode ser apenas parte, e sim o todo, conectado por relações humanas e contexto histórico, essa resposta está incorreta.

e) Incorreta. Da mesma forma, totalidade não pode ser apenas parte, e sim o todo, conectado por relações humanas e contexto histórico.

4. a.

a) Correta. Conforme consta no capítulo, a definição de ser social utilizada na obra pela perspectiva do marxismo. Schaff (1967, p. 55, grifo do original), ao interpretar a obra de Marx, define que "o homem é um ser social e como tal está sempre ligado às condições sociais. Marx compreendeu o problema bem cedo notando que o indivíduo é sempre o ponto de partida". Então, o indivíduo é o ser social.

b) Incorreta. Consta na alternativa que o "homem não é um ser social, pois está ligado às condições ambientais e sua condição social é uma opção", sendo que a definição correta é que "homem é um ser social e, como tal, está ligado às condições sociais".

c) Incorreta. Consta na alternativa que o "homem é um ser racional e espiritual e como tal está ligado às condições abstratas" sendo que a definição correta é que "homem é um ser social e como tal está ligado às condições sociais".

d) Incorreta. Consta na alternativa que o "homem é um ser profissional e como tal está ligado às condições trabalhistas" sendo que a definição correta é que "homem é um ser social e como tal está ligado às condições sociais".

e) Incorreta. Consta na alternativa que o "homem é um ser natural e, como tal, não está ligado às condições culturais", sendo que a definição correta é que "homem é um ser social e, como tal, está ligado às condições sociais".

5. c.

a) Incorreta. A alternativa define *reprodução social* como "processo pontual de ampliação da produção material e lucro das empresas", sendo que a definição correta é "processo ininterrupto de renovação da produção material e cultural dos indivíduos".

b) Incorreta. A alternativa define *reprodução social* como "uma condição ambiental e cultural de renovação biológica dos indivíduos", sendo que a definição correta é "processo ininterrupto de renovação da produção material e cultural dos indivíduos".

c) Correta. Conforme consta no capítulo, sinteticamente, podemos afirmar que reprodução social é o processo ininterrupto de renovação da produção material e cultural dos indivíduos. As necessidades sociais de produção e reprodução econômica são dirigidas pela classe dominante.

d) Incorreta. A alternativa define *reprodução social* como "o método de estudo da produção material e cultural dos indivíduos em sociedade e ligados por interesses familiares e econômicos",

sendo que a definição correta é "processo ininterrupto de renovação da produção material e cultural dos indivíduos".

e) Incorreta. A alternativa define *reprodução social* como "a formulação filosófica que se visa compreender a renovação da produção material e cultural dos indivíduos", sendo que a definição correta é "processo ininterrupto de renovação da produção material e cultural dos indivíduos".

Capítulo 3

Questões para revisão

1. b.

a) Incorreta. Como a questão se refere à importância para a gerência, a resposta deveria ser "sim". A produção é vital para a acumulação de capital, porém o foco da pergunta é a gerência que, para o autor, tem como aspecto central o controle.

b) Conforme trabalhado na Seção 3.2 deste livro, o controle é essencial para a gerência científica, conforme descrito no livro *Trabalho e capital monopolista: a degradação do trabalho no século XX*.

c) Incorreta. Mesmo a resposta sendo "sim", a alternativa afirma que o controle é dos trabalhadores, e isso não está de acordo com a abordagem de Braverman. O controle é sempre do proprietário da empresa, de forma a não dividir conhecimento com ninguém, só lhe importando o lucro.

d) Incorreta. Como a questão se refere à importância para a gerência, a resposta deveria ser "sim". A centralização da organização do trabalho e das empresas é muito importante, porém, o foco da pergunta é a gerência que tem como aspecto central, para o autor, o controle.

e) Incorreta. Como o controle é "essencial", conforme descrevemos no capítulo, a alternativa afirma o contrário.

2. a.

a) Encontramos essa definição citada por Harry Bravermann no livro *Trabalho e capital monopolista* (2015, p. 103).

b) Incorreta. Os dois primeiros princípios estão descritos de forma incorreta. O primeiro princípio seria "dissociação do processo de trabalho das especialidades dos trabalhadores", e o segundo, "separação de concepção e execução".

c) Incorreta. Os três princípios estão escritos de forma incorreta. O primeiro princípio deveria ser "dissociação do processo de trabalho das especialidades dos trabalhadores", o segundo, "separação de concepção e execução", e o terceiro, a "utilização desse monopólio do conhecimento para controlar cada fase do processo de trabalho e seu modo de execução".

d) Incorreta. Os dois primeiros princípios estão descritos de forma incorreta. O primeiro princípio deveria ser "dissociação do processo de trabalho das especialidades dos trabalhadores", e o segundo, "separação de concepção e execução".

e) Incorreta. Todos os princípios estão desconectados, como descrito no capítulo.

3. d.

a) Incorreta. A definição correta se refere a "flexibilidade dos processos" e não a rigidez.

b) Incorreta. A definição correta se refere a "flexibilidade dos processos de trabalho" e não a rigidez ou planejamento.

c) Incorreta. A definição se refere a "flexibilidade dos processos de trabalho" e não de planejamento.

d) Podemos encontrar essa definição no livro de David Harvey *Condição pós-moderna* (2008, p. 140).

e) Incorreta. Referimo-nos a "flexibilidade de processos", não de "direitos".

4. e.

a) Incorreta. Ao contrário do que consta no capítulo, a alternativa afirma que não se criou um abismo entre o trabalho manual e intelectual.

b) Incorreta. Mesmo que a alternativa tenha indicado que houve a criação de um abismo entre o trabalho manual e intelectual, ela afirma que essa separação foi criada pelo surgimento de empresas multinacionais, quando o capítulo define que esse fato não foi determinante para a separação, mas sim a decisão de separar.

c) Incorreta. Ao contrário do que é afirmado no capítulo, a alternativa afirma que não se criou um abismo entre o trabalho manual e intelectual.

d) Incorreta. A justificativa cita que a gerência não criou um abismo e o capítulo versa sobre o contrário, dessa forma, a alternativa está incorreta.

e) Correta. Conforme consta no capítulo, os defensores da gerência científica no sistema capitalista argumentam que o desenvolvimento dessa gerência "qualificou" os trabalhadores e trouxe para a indústria uma "inteligência" humana que não estava presente anteriormente. Entretanto, não há argumentação sobre o abismo criado entre o trabalho intelectual e o manual, que, antes integrados, produziam socialmente efeitos positivos para o desenvolvimento dos trabalhadores, e agora, com essas duas categorias separadas, aumenta a dualidade social entre possuidores e não possuidores dos meios de produção. Assim, o capital está nas mãos de poucos (classe dominante), que acumulam muito, e, de outro, há muitos (trabalhadores) que não possuem quase nada e vendem sua força de trabalho onde for possível.

5. a.

a) Correta. Conforme afirmamos no capítulo, a acumulação flexível também alterou o papel da mulher na indústria, pois produziu vagas a serem ocupadas por meio período. Com isso, foi possível substituir um homem que ocupava uma vaga de período integral, com salário elevado, por diversas mulheres com salários menores. Como havia muitas mulheres dispostas a ocupar essas vagas (exército de reserva), o sistema se encarregou de precarizar ainda mais o trabalho delas, criando uma rotatividade na ocupação das vagas. Isso forçava as mulheres a aceitarem a vaga mesmo que ela oferecesse condições cada vez mais degradantes nos países de capitalismo desenvolvido. Nos países de capital dependente, onde a industrialização ainda era precária ou pouco desenvolvida e o fordismo foi exportado, a condição das mulheres locais era ainda pior.

b) Incorreta. As mulheres não foram inseridas nas mesmas condições que os homens, conforme podemos verificar no capítulo.

c) Incorreta. As mulheres foram inseridas em períodos de trabalho diferenciado, e a alternativa afirma o contrário.

d) Incorreta. As mulheres foram inseridas nesse período de implantação de processos de acumulação flexível de forma diferenciada, e a alternativa afirma o contrário.

e) Incorreta. A alternativa afirma que as condições de trabalho das mulheres eram quase superioras às dos homens. O conteúdo no capítulo afirma o contrário.

Capítulo 4

Questões para revisão

1. c.

a) Incorreta. As políticas sociais são as respostas construídas para enfrentar as diferentes expressões da questão social.

b) Incorreta. Os usuários, em grande parte membros da classe trabalhadora, são os que recebem o trabalho do assistente social, é a eles que o trabalho se destina, mas não são eles a matéria-prima desse trabalho.

c) A matéria-prima do trabalho do assistente social é a questão social, fruto da contradição entre capital e trabalho.

d) Incorreta. Considerando que o trabalho é a transformação de algo (da natureza, primordialmente, mas também de algo imaterial), o que o assistente social busca transformar na sua prática é a questão social, pois a superação dela implicará também na superação das suas expressões.

e) Incorreta. Os serviços sociais são a fase terminal das políticas sociais. Elas chegam até os usuários na forma desses serviços, como respostas às expressões da questão social, que é de fato a matéria-prima do Serviço Social.

2. c.

a) Incorreta. É na família que o ser humano recebe, sim, as primeiras noções de educação e sociabilidades, mas não é ela que faz dele um ser social. Existe algo que precede, que é maior do que as relações microssociais como as da família.

b) Incorreta. A escola é importante para formação humana para o convívio social, mas ela não é fundante para fazer dos seres humanos seres sociais.

c) O trabalho como ação transformadora da natureza é que faz do ser humano um ser social, pois é por meio dessa atividade que ele pode exercer a sua capacidade criadora.

d) Incorreta. O trabalho também contribui para a expansão das relações sociais dos seres humanos, mas não é esse fator que fundamenta o ser social.

e) Incorreta. A educação como aspecto que torna o homem um humano genérico não é citada por Marx nesse sentido. O que faz do homem um humano genérico é o trabalho, quando este transforma de forma intencional a natureza para atender às suas necessidades.

3. d.

a) Incorreta. O funcionalismo fazia parte das correntes conservadoras que vigoravam no serviço social antes do movimento de reconceituação. Seu principal precursor é Émile Durkheim.

b) Incorreta. O positivismo, assim como o funcionalismo, fazia parte das correntes conservadoras que vigoravam no serviço social antes do movimento de reconceituação e seu principal idealizador foi Auguste Comte.

c) Incorreta. O personalismo permeou o serviço social na década de 1970, sendo sua principal expressão o Código de Ética do Serviço Social de 1975. Precursor: Emmanuel Mounier.

d) Embora não seja a única, a teoria crítica marxista fundamenta a formação dos assistentes sociais e é adotada por grande parte dos profissionais para embasar sua prática.

e) Incorreta. A fenomenologia perdurou como uma corrente alternativa no Serviço Social bem antes do movimento de reconceituação, sendo inclusive refutada por ele.

4. O projeto ético-político do Serviço Social versa que temos um compromisso de transformação social, de busca por uma nova ordem societária e uma posição de defesa intransigente da classe trabalhadora. No entanto, dentro da divisão sócio-técnica do trabalho, a utilidade social do trabalho do assistente social está em estabelecer consensos entre o capital e a classe trabalhadora, garantindo que esta última esteja sempre em condições de produzir.

5. Fica evidenciada a importância da teoria crítica marxista para o Serviço Social, não só para a compreensão dos processos de trabalho em que se insere o assistente social, mas também como teoria orientadora da ação profissional, pois, com seu método materialista histórico, possibilita a compreensão dos espaços nos quais estamos inseridos partindo do contexto atual e dos determinantes históricos desse contexto. Além disso, demanda que compreendamos os espaços sociais e a realidade com base na análise das condições de vida material da sociedade, da organização do modo de produção – que na sociedade atual é o capitalista –, reconhecendo o caráter de luta de classes existentes na realidade social organizada por esse modo produção. O método de compreensão marxista é também dialético, o que significa reconhecer que a realidade social está em constante movimento, motivada pela dinâmica da vida material e pela história.

Capítulo 5

Questões para revisão

1. c.

a) Incorreta. O trabalho nas empresas privadas viria apenas no final da década de 1940, ganhando força na década de 1950.

b) Incorreta. O Estado se tornou espaço de trabalho do assistente social quando da expansão da industrialização, com políticas de atenção à população que migrava do campo para a cidade e se consolidou com as políticas voltadas ao trabalhador no governo de Getúlio Vargas.

c) As primeiras práticas do serviço social que se aproximam da profissionalização remontam ao final dos anos de 1930 e ocorreram em instituições não governamentais de caráter religioso.

d) Incorreta. Os conselhos tornaram espaços ocupados pelos assistentes sociais somente após a sua criação, prevista na Constituição Federal de 1988.

e) Incorreta. Os assistentes sociais até atuavam em hospitais no período, mas naqueles vinculados à Igreja Católica, tais como as Santa Casa de Misericórdia.

2. d.

a) Incorreta. A participação versa sobre a abertura de espaços para que os cidadãos possam participar das deliberações, da formulação e do controle social das políticas públicas.

b) Incorreta. O controle social é exercido pela população no sentido de fiscalizar as ações governamentais e é parte do processo de participação social.

c) Incorreta. O Estado mínimo é parte do neoliberalismo.

d) O princípio que desloca o centro da execução das políticas básicas para o âmbito do município, tornando a Administração Pública municipal um dos principais empregadores do assistente social é a descentralização político-administrativa.

e) Incorreta. A ampliação ou a redução do aparato estatal nada tem a ver com o princípio questionado, visto tratar-se da abertura do Estado para a participação popular nas suas decisões.

3. b.

a) Incorreta. Os espaços sócio-ocupacionais estão em permanente movimento e são afetados pelas mudanças conjunturais.

b) Resposta correta.

c) Incorreta. Essa é uma perspectiva não hegemônica no serviço social, pois remonta às práticas conservadoras pautadas no funcionalismo.

d) Incorreta. Não só a influência é muito significativa, como há um consenso de que essa realidade é estruturante do trabalho do assistente social.

e) Incorreta. A postura e a vontade dos empregadores afetam os campos apenas na área privada. De modo geral, as conjunturas política e econômica influenciam diretamente a constituição e manutenção de campos de trabalho para o assistente social.

4. d.

a) Incorreta. A dimensão ético-política é importante, mas de forma isolada pode levar o assistente social às práticas meramente militantistas.

b) Incorreta. A dimensão técnico-operativa preconiza apenas o domínio das novas técnicas operativas do serviço social. A prática focada apenas nessa dimensão pode tornar-se sem intencionalidade e pouco crítica.

c) Incorreta. Entre as dimensões do serviço social não existe uma chamada *teórica e conceitual*.

d) Resposta correta.

e) Incorreta. Dimensões teórico-metodológica, ético-política e técnico-operativa, de forma articulada entre elas.

5. Com a redução do Estado, o qual deixa de ofertar uma série de serviços, ocorreu um movimento chamado *refilantropização da pobreza*, passando a execução de grande parte dos serviços

Trabalho e sociabilidade

sociais para as Organizações da Sociedade Civil, que se tornaram grandes empregadoras de assistentes sociais.

Capítulo 6

Questões para revisão

1. a.

a) Resposta correta.

b) Incorreta. O Iluminismo refutou o conhecimento e a ética construídos com base na moral vinculada aos preceitos religiosos.

c) Incorreta. Para Kant as sensações podem enganar o sujeito, do mesmo modo, o autor rejeita os princípios da natureza como orientadores da ação.

d) Incorreta. Kant não pauta sua moral no que é preestabelecido como *bem e mal*, mas, sim, no como *agir bem*.

e) Incorreta. Kant pensa exatamente o contrário: o filósofo refuta as verdades reveladas pela fé e por consequência, poderíamos deduzir que rejeitaria o conceito de livre arbítrio, já que este está vinculado ao fazer o que é certo ou errado, mas aquele certo e errado definido pela fé, pelos dogmas e pelos preceitos cristãos.

2. b.

a) Incorreta. Marx discorda de Kant, já que compreende que as decisões tomadas pelo ser social são determinadas socialmente pelas necessidades do capital.

b) Resposta correta.

c) Incorreta. Embora Marx também relativize a questão da religião enquanto mais um aparato de manutenção da dominação, sua abordagem sobre a autonomia não perpassa pelo tema, mas, sim, pelas determinações econômicas e pelas contradições do trabalho.

d) Incorreta. Marx não dissocia o espectro pessoal do profissional, pois trabalha com o conceito de *ser social*, que engloba todos os aspectos da vida dos sujeitos, os quais são afetados pelas contradições do capital e do trabalho.

e) Incorreta. O conceito de livre arbítrio está vinculado às escolhas pautadas em opções certas ou erradas com base nos valores cristãos. Marx e Lukács definem que o homem nunca será livre enquanto houver capitalismo e enquanto for obrigado a vender a sua força de trabalho.

3. c.

a) Incorreta. Por ser trabalhador assalariado, o assistente social não provê o recurso que financia os serviços sociais administrados por ele, sendo este papel de responsabilidade dos gestores, sejam públicos ou privados, conforme espaço sócio-ocupacional.

b) Incorreta. Segundo Iamamoto (2015), grande parte dos assistentes sociais não tem autonomia para decidir sobre as políticas, os projetos, os programas e os serviços em que irão atuar, sendo estas diretrizes normalmente ditadas por seu empregador.

c) Resposta correta.

d) Incorreta. Iamamoto (2015) e grande parte dos autores reconhecem que na forma como os espaços sócio-ocupacionais estão organizados no modo capitalista de produção, não há plena autonomia para o assistente social.

e) Incorreta. Apesar de uma das poucas formas de o assistente social participar efetivamente dos processos decisórios de formação da agenda pública ser por meio dos conselhos, não é acerca dessa relativa autonomia que se está tratando.

4. O trabalho imaterial é aquele que não gera produtos materiais, e sim imateriais, como a informação, o conhecimento, ideias, imagens, relacionamentos e afetos. A materialidade ou imaterialidade não perpassa pela discussão da utilidade do produto desse trabalho.

5. Porque o trabalho do assistente social gera um produto não material, não tangível, não gera mais-valia e se localiza na produção de subjetividades na medida em que garante ao seu usuário, de forma direta ou indireta, as condições de (re)produção da vida

Sobre os autores

Marcio Bernardes de Carvalho é historiador formado pelas Faculdades Integradas Espírita – Fies (2009) e mestre em Educação pela Universidade Tuiuti do Paraná – UTP (2018). Nasceu em 1978 na cidade de Cachoeira do Sul – RS, onde iniciou as atividades no movimento estudantil desde a organização de grêmios estudantis até sua eleição para a presidência da União Municipal dos Estudantes Cachoeirenses (UMESC), e logo depois para a presidência da União Gaúcha dos Estudantes (Uges). Foi conselheiro de estado da educação no Rio Grande do Sul (2000). Trabalhou na Secretaria de Estado da Educação do Paraná (SEED), na Secretaria de Estado da Criança e da Juventude do Paraná (SECJ) entre os anos de 2003 e 2010 e na Secretaria Nacional de Juventude (SNJ), ligada à presidência da república (2012 e 2013). Sua área de pesquisa é a educação, nas temáticas trabalho, ensino médio e juventude. Atua como professor e palestrante.

Carla Andréia Alves da Silva Marcelino é graduada em Serviço Social (2003) pela Universidade Estadual de Londrina (UEL), especialista em Gestão Pública com habilitação em Políticas Públicas (2014) pelo Instituto Federal do Paraná (IFPR) e mestre em Sociologia (2015) pela Universidade Federal do Paraná (UFPR). Doutoranda em Sociologia pela UFPR, sob orientação do Prof. Dr. Ricardo Costa de Oliveira. É assistente social da Secretaria da Família e Desenvolvimento Social, atuando na política estadual de garantia de direitos de crianças e adolescentes e na política de assistência social. Tem experiência profissional no trabalho com adolescentes autores de ato infracional, crianças e adolescentes em situação de acolhimento, trabalho infantil ou vítimas de violências, recursos humanos, capacitação e treinamento de pessoal, gestão pública, entre outras. É pesquisadora da área de instituições e poder, com foco no tema do nepotismo e relações de poder e parentesco. Atua também como docente nos cursos de graduação e pós-graduação, nas modalidades presencial e EAD, na área de serviço social. Atua como professora no curso de bacharelado de serviço social do Centro Universitário Internacional Uninter, tendo já ministrado as disciplinas de Ética no Serviço Social, Estado e Serviço Social no Brasil, Políticas Setoriais e Afirmativas, Políticas Sociais – Criança, Adolescentes e Mulheres e Instrumentalidade do Serviço Social. Atua também como palestrante.

Os papéis utilizados neste livro, certificados por instituições ambientais competentes, são recicláveis, provenientes de fontes renováveis e, portanto, um meio sustentável e natural de informação e conhecimento.

Impressão: Log&Print Gráfica e Logística S.A.
Março/2022